哈

国家十二五
重点出版项目

中国民间艺术传承人口述史丛书

Oral Histories of Chinese Folk Arts and Crafts

哈氏风筝

风筝世家哈亦琦口述史

主编◆王文章
副主编◆王海霞
口述人◆哈亦琦
整理者◆任晓姝

中央编译出版社
Central Compilation & Translation Press

"经典中国国际出版工程" 项目

图书在版编目（CIP）数据

哈氏风筝：风筝世家哈亦琦口述史／王文章主编.
—北京：中央编译出版社，2010.1
(中国民间艺术传承人口述史丛书)
ISBN 978-7-5117-0031-5
Ⅰ. 哈… Ⅱ.王… Ⅲ.哈亦琦－生平事迹 Ⅳ.K825.72
中国版本图书馆 CIP 数据核字（2009）第 167130 号

哈氏风筝——风筝世家哈亦琦口述史

出 版 人：和　龑
策划编辑：吴颖丽
责任编辑：王忠波
美术编辑：子　木
责任印制：尹　珺
出版发行：中央编译出版社
地　　址：北京西单西斜街 36 号（100032）
电　　话：(010) 66509360（总编室）(010) 66509367（编辑部）
(010) 66509364（发行部）(010) 66509618（读者服务部）
网　　址：http://www.cctpbook.com
经　　销：全国新华书店
印　　刷：北京雅昌彩色印刷有限公司
开　　本：1/16
字　　数：108 千字
印　　张：15.625
版　　次：2010 年 3 月第 1 版第 1 次印刷
定　　价：398.00 元

本社常年法律顾问：北京大成律师事务所首席顾问律师　鲁哈达
凡有印装质量问题，本社负责调换。电话：010-66509618

总序

王文章

21世纪初，社会公众对中国非物质文化遗产保护的关注度、参与保护的热情，以及中国非物质文化遗产保护工作的有力推进，成为中国文化界乃至中国社会的重要事件。从大多数人对“非物质文化遗产”一词的内涵不知所云，到“非物质文化遗产”成为家喻户晓的词汇，人们普遍对它的具象呈现形态有了一定的认知，并支持或主动参与保护工作，说明人们在现代化进程的背景下，已经看到，由于生活水平的提升和生活方式的变化，作为传统社会生存环境下人们生活方式和生产方式的非物质文化遗产正在急剧消失的现实，而这种现实，一定会对人类社会可持续发展的前景带来不可挽回的损失。因之，全面保护非物质文化遗产已经成为全社会的共识。

但是，保护非物质文化遗产这个时代性的课题应当怎样正确解答，人们的答案并不一致。这种不一致的根源，主要是源自推动经济发展与非物质文化遗产保护之间的矛盾。把非物质文化遗产看成单纯的经济资源，在保护的名义下扭曲其本质特性过度开发，如把民族民间的原生态歌舞改变为肤浅时尚的刻板表演服务于旅游场所，或把传统手工技艺视作不具经济潜力的项目而任其式微，等等。近年来，我们还常见的一种现象是在城市特别是农村建设中，以新的建筑或新的环境形态将承载某个特定区域人们世代相传文化技艺的物质载体（如某些文化空间）彻底改变。这种不能正确把握和处理社会发展与非物质文化遗产保护关系的情况，已经并还在对非物质文化遗产的保护带来伤害。我们应该正视并改变这种现象。

毫无疑问，非物质文化遗产保护是一个动态的过程。正确的保护不是使它凝固和停止发展。2003年10月17日联合国教科文组织通过的《保护非物质文化遗产公约》指出：“这种非物质文化遗产世代相传，在各社区和群体适应周围环境以及与自然和历史的互动中被不断地再创造，为这些社区和群体提供持续的认同感，从而增强对文化多样性和人类创造力的尊重。”非物质文化遗产的有效保护，从根本上说，就是要保证其按照自身内在规律去自然衍变，在自然的衍变中与人类社会的持续发展相并行，我们既不要人为地去中断它自然衍变的进程，也不要人为地去使它突变。我想，这应是保护工作最根本的意义，也是保护工作最艰难、最核心的用力点。

非物质文化遗产在自然衍变发展中呈现的形态是丰富多样的，这决定了我们采取的保护方式也应是多样的。但对于传统手工技艺类的项目，采取生产性保护的方式应当是一种恰当的方式。这种方式，可以使非物质文化遗产项目的传承人，这些技艺的持有者将自己本身的技艺作为一种生产和生活的手段，既可以因此而获得劳动的报酬，也可以因此而使技艺传承，并在自己的作品与使用者的对应中，使技艺的继承与创新具有激发创造智慧的基础。这套“中国民间艺术传承人口述史丛书”，记录了这些传承人技艺传承的历程，他们的技艺如何精湛，以及他们对技艺的思考；展现了他们如何以生产性保护的方式，使这些不同的技艺在传统的浸润中也融入了新的艺术元素，并得到人们的喜爱，而他们也因此具有了持续传承的经济基础。

在人类社会现代化进程不断加快、科技快速发展和全球经济一体化的时代，越来越多的民族、地区和人口被纳入到世界变化的总体格局之中。保持人类文化的多样性，是与人类社会的可持续发展紧密相连的。而保护各个民族具有独特创造个性和蓬勃生命活力的民间艺术，是人类文化多样性形态不成为博物馆化和标本式存在表象，而永具生生不息生命力的重要保证。我想，读者会从“中国民间艺术传承人口述史丛书”中体会到这些。

2009 年 9 月 22 日

目录

Contents

哈亦琦，男，回族，1954年生于北京市，北京哈氏风筝第四代传人，中国艺术研究院民间艺术创作研究员，中国民间文艺家协会理事，北京民间艺术家协会副主席，北京风筝协会副秘书长，北京一级民间工艺大师。

中国是风筝的故乡，在宋朝之后数百年的发展中，形成了四大风筝产地。它们以各自的本土文化为依托，互相影响，互相借鉴，形成了今日各具特色的风貌。

哈氏家族祖先在清代考中武状元后迁居北京，后家道中落，族人只能自谋生计。哈氏风筝第一代哈国梁本来靠糊灯笼为生，后来见卖风筝利润较大，便开始制作风筝出售。他可能没想到，从此他的后人制作的风筝能在北京城内叫响。

以前民间放风筝有不少忌讳。如果风筝断了线，落到哪家，哪家就认为是种不吉利的兆头，就要把风筝给撕毁，用意是把不吉利的兆头给破了。有时风筝落到附近邻居的院子里，失主很快到了，邻居不好意思撕毁，就会在风筝上捅几个洞，这样也算是把不祥的兆头戳破了。

哈氏风筝历经百余年的发展，形成了自己特有的造型、色彩和绘画特点。哈氏风筝在装饰图案上既有细腻典雅的特点，也有粗犷夸张的民间趣味，这种雅俗共赏的艺术特色一直延续至今。

口述人哈亦琦简介

本书为北京哈氏风筝第四代传人哈亦琦先生口述哈氏风筝的起源、传承、特色、文化内涵及发展前景的实录。笔者本着客观记录的目的，尊重作者的立场和记忆，尽可能展现哈氏风筝的各个方面，还原历史中作为北京民间手艺标本的哈氏风筝的演变和传承，为这门已逾百年的技艺的保存尽一份绵薄之力。

哈亦琦，男，回族，1954年生于北京市，北京哈氏风筝第四代传人，中国艺术研究院民间艺术创作研究员，中国民间文艺家协会理事，北京民间艺术家协会副主席，北京风筝协会副秘书长，北京一级民间工艺大师。

哈氏风筝起源于清末，四代相传，至今已有160余年的历史。1963年出版的孙殿起著《琉璃厂小志》中曾记载："哈记风筝在琉璃厂中间路北仁威观。按：近数十年，以哈记制售风筝为最著。"哈氏从哈亦琦的曾祖父哈国梁那一代开始便以制作和销售风筝为生。第二代哈长英将哈氏风筝发扬光大，当时北京风筝分为南北两派，风筝哈成为"南派"代表。第三代哈魁明全面继承哈氏风筝的技艺，将哈氏风筝归纳为八大类，把风筝“四技”完善为“六技”。

哈亦琦生活在风筝世家，从小耳濡目染，第一次做风筝便显示出过人的天赋。哈亦琦从艺至今已有30余年，一方面，他继承了家族的传统特色，深入挖掘了哈氏风筝的文化底蕴，从1998年起，便开始绘制哈氏风筝画谱，现已完成80余幅。另一方面，哈亦琦大胆创新，早在20世纪80年代便开始把国外的先进理念融入自己的实践中，制作了一批立体类的异形风筝。近年来他又设计制作了一批传统造型新式图案以及传统图案新式造型的风筝，同时对微型风筝也进行了深入研究。哈亦琦突破民俗传统对风筝的定义，将风筝作为收藏品、艺术品进行装饰装裱，取得良好的视觉效果和经济效益。哈亦琦的新型风筝、微型风筝和异形风筝，填补了哈氏风筝的空白，使哈氏风筝有了新发展。

哈亦琦1983年初次出国访问，以风筝为媒代表国家进行文化交流活动，直到今天这种交流从未间断。哈亦琦曾在多个国家做过哈氏风筝专题展，其作品被国内外多家博物馆收藏，为中外民间文化的发展做出了贡献。

本书第二章家史篇上篇口述者为哈晶漪女士。她生于1923年，是哈氏风筝第二代传人哈长英先生独女，也是哈亦琦先生的姑母，现居重庆。她亲历了哈氏风筝的起源和在琉璃厂时的崭露头角，对于这段历史的回顾更为充分详细，所以此段历史以她的叙述为主。

第一章

哈亦琦口中的中国风筝

本章综述

采访地点：北京西直门外哈亦琦住处

受 访 人：哈亦琦

采 访 人：任晓姝

本章哈亦琦为我们讲述了风筝的历史、科学意义、风筝的四大产地和北京风筝的流派。本章内容中既有他从各种资料获得的对于风筝的理性认识，也有他从父辈那里听到的种种旧闻，重要的是他的亲身经历和从这些经历中获得的宝贵认知。

风筝在哈亦琦的眼中不单纯是有着悠久历史的一门民间艺术，还是一门科学。风筝及其飞行原理被广泛运用在各个领域，有着不可替代的重要意义。中国是风筝的故乡，在宋朝之后数百年的发展中，形成了四大风筝产地。它们以各自的本土文化为依托，互相影响，互相借鉴，形成了今日各具特色的风貌。北京风筝历史悠久，名家辈出，可惜的是，能够流传数代而不断的，今天只剩哈氏风筝一家了。

笔者作为采访者和记述人，尽可能地保持哈亦琦叙述时的话语感和现场感，在遇到一些特殊的方言、术语或者一些情节、资料模糊的地方，加入了一些注解，便于读者阅读、参考和比较。

本书通过几次不同时间的采访，分别是：2008 年 5 月 9 日—6 月 3 日；2008 年 9 月 7 日—12 日；2009 年 1 月 12 日—2 月 17 日；2009 年 3 月 27 日—4 月 11 日。采访地点除了北京哈亦琦的家里，还有重庆。故本书各章节中只标明采访地点和受访人，采访时间不再作说明。

一、风筝的历史

风筝起源于先秦时代。这个说法是在《韩非子》里记载的，说墨子花三年做成了木鸢，飞了一天。也有说是鲁班发明的。[1]墨子与鲁班都是春秋时鲁国人，所以人们推断风筝发源于今天的山东一带。

风筝最初的功能据说是用在军事上的，许多历史资料中都曾提到这一点。汉朝大将韩信曾将风筝放飞到空中，根据风筝的放飞线长度来计算到未央宫的距离。[2]在史书中还曾经记载过这样一件事情：应该是公元559年，齐文宣帝下令让囚犯乘坐风筝，从八丈高的金凤台上向下飞行，能够飞出城的便可赦免死罪。结果，其中有一个叫黄头的死囚乘风筝滑翔成功，安全地飘到了城外。[3]

根据这个传说可以推测，唐代以前的风筝可能和今天我们看到的风筝有很大的区别，尺寸应该是比较大的，可以进行载人飞行。最初风筝飞行的原理和今天的应该一样，而且既然能被用在军事上，那就说明放飞的技术已经成熟了。唐朝还有一件事情，也是利用风筝能飞得比较高的优势，在围城里把求救的信送了出去。[4]到了后来，风筝的功能开始从军事用途转向娱乐了。后来造纸业的发展很快，风筝就开始大量使用纸张来做，取代了丝绸，毕竟纸张的造价要便宜得多，老百姓也买得起，这样风筝就开始走

江苏苏州桃花坞的清代版年画《百子图》中便有儿童放飞风筝的图案

向民间，成为老百姓娱乐的一个玩具了。当时放风筝是一项很流行的活动，很多诗里面都提到了放风筝的场面。[5]

宋代风筝的流传更广泛了，因为当时的皇帝宋徽宗很喜欢玩风筝。他除了自己经常在宫中放风筝外，据说还曾主持编了一本《宣和风筝谱》。受他的影响当时许多画家把放风筝的场景画到画里面。[6]

明朝和清朝，风筝的发展达到了一个鼎盛时期。年代距现在不是太远，现在咱们能看到的关于风筝的记载就非常多了。《红楼梦》里面也有一章写贾宝玉他们在大观园里放风筝，写得很仔细。[7]还有很多年画里也能够看到放风筝的场景。那时的风筝在大小、样式、扎制技术、装饰和放飞技术上都比从前有了很大的进步。风筝和各种民间工艺开始结合起来。比如当时有的年画作坊就用木版年画来印刷风筝纸，这样一来，风筝成本降低了，老百姓就能买得起，所以风筝也就更广泛地深入到老百姓的生活当中了。风筝这么流行，其实除了娱乐之外，还是一种很好的锻炼，尤其对小孩来说更是这样。清朝的一个叫富察敦崇的人在文章里就说放风筝可以清目，还可以泄内火。[8]《续博物志》里面也说："引线而上，令小儿张口仰视，可以泄内热。"这已经有放风筝对于人身体健康有益的记载了。

这是很有道理的，放风筝的时候要跑步——没风天或者风小你要奔跑才能放起来。在比较空阔的地方，也望得远，今天咱们都知道望远是休息眼睛的一种很好的方法。

辛亥革命以后，中国民间艺术的发展出现了一个大的飞跃。但是因为种种原因，直到最近20多年，风筝事业才又得到了快速的发展。风筝作为体育项目和健身娱乐活动开始普及，各种比赛的开展对它也是种促进，越来越多的人开始加入到这项运动中来。

风筝在中国由于各地区和时代不同有很多种叫法，我整理出了以下的11种：

凤巾：像是一只飞的围巾。

纸鸢：北方的一种叫法，即用纸做的鸢，鸢是北方的一种鸟。

风鸢：类似凤凰的鸟。

风禽：也是一种鸟类。

鹞子：山东一带的叫法，鹞是一种鹰禽。

春生君：象征春天的男子。

纸鸮：纸做的猫头鹰一类的鸟。

亮见

风瓦：如房屋上的瓦片。

风筝：有声音的。

八角纸

二、风筝是飞机的前身

风筝是可以利用风来飞行的，放风筝不光能使人健康，带给人一种美的感受，它对于人类也有一定的科学贡献。为什么这么说呢？因为风筝很早就被用在研究自然科学的实验中了。大约在12世纪，风筝传到了西方，从那时候开始西方人就在利用风筝做实验了，这些实验对科学的发展有很大帮助。我看过很多与此相关的报道和资料，每次看完后都会整理记录下来，我觉得这些东西对我知识的积累是很有帮助的。

比如，早在1749年的时候，英国天文学家威尔逊为了探测高空气温，就把几个温度表固定在6只风筝上，用将近1000米长的线牵引来放这6只风筝。风筝把温度表带到空中，测量到不同高度的温度，这样科学家就得到了温差的数据，对研究气象帮助很大。这种实验方法还有一个名字，叫“风筝列车”，很形象。这样的科学实验很多，比如1901年意大利科学家马可尼就在纽芬兰岛和英国之间建立了无线电联络。无线电用的120多米长的天线也是靠风筝带过去的，当时这只风筝的引线就是用来做天线的金属线。还有1847年，那依阿拉建桥时，也是用风筝把建桥的钢丝绳啊、粗线啊送到对岸的。我还知道一个很有意思的小故事，就是1828年的时候，英国一个叫乔治·波库克的老师制造了一辆用两个大风筝拉的车。风大时，这辆车的速度每小时能达到35公里呢。这辆用风筝拉的车在一次比赛中，跑的速度比好马拉着的驿车还快。

风筝在国际航空史中的作用也是很大的，我查过历史上设计和研究滑翔机、飞机的人大多都有做风筝的经历，他们的灵感都来自风筝。因为有的大型风筝直接就可以载人，所以他们都是用风筝来做实验的。

我手上的这份资料上就有很多这样的例子，比如一份资料是这样写的：“在1799到1809年，英国的乔治·克利，用风筝研究航空原理，创立了空气动力学。1804年，他在约克郡庄园，发明了世界第一架滑翔机。在1903年，美国俄亥俄州的莱特兄弟研究制作了第一架飞机，在北卡罗来纳州试飞。他们根据风筝依靠风力而起飞的原理，制作了滑翔机，后来再装置动力机械，增加飞翔的距离和时间，发明了能运载人类升空的飞机。”

风筝是一种固定翼飞行器，我觉得这句话说得特别对，滑翔机就是源于风筝的飞行原理慢慢演变来的。滑翔机的雏形和风筝是一样的，只是放大了很多倍，有单层的也有双层的。从这里就能看得出来，我们今天能坐着飞机去世界各地，很大程度上都是因为风筝（笑）。

当然今天科技已经很发达了，风筝也不用再承担这么多的任务了。虽然风筝的功能变得简单了，但它带给人们的快乐一直没变，它其实包含了人们对于飞行的一种最朴实的向往。

三、中国主要的风筝产地

谈起风筝流派的话，首先要提到的就是我国的四大风筝产地：北京、天津、潍坊和南通。我分别讲一下我所了解的这些流派风筝的特征。

1. 北京风筝

北京风筝的历史大约有600年左右。天津和北京差不多，但比北京要晚一些。北京的风筝特点是制作比较考究，因为是皇城，各个阶层的人都有，需求也不一样。但大多数还是粗活风筝，是给普通老百姓做的，也有专门给那些大户人家做的风筝，相对粗活风筝来讲“宫廷味儿”会浓很多。

过去宫里是没有专门做风筝的，所以风筝也会被当做贡品进贡到皇宫里。这种进贡的风筝，和民间的风筝有很大不同，它在选料、制作、绘画等方面都非常讲究，连放风筝用的线桄子都雕刻得非常精致。风筝成为贡品的同时对风筝制作技艺的提高起了很大的推动作用，一部分世代制作风筝的艺人慢慢都集中到了京城，促进了北京风筝的发展。

北京以前做人物风筝的比较多，包括那种昆虫和沙燕都比较常见。后来品种增加了，开始出现了文字风筝，还有串风筝。《北京竹枝词》这本书就很生动地描述了这样的情景：“新鸢放出万人看，千丈麻绳系竹竿。天下太平新样巧，一行飞上碧云端。”

北京的风筝艺人们除了给宫廷制作风筝，更多的是做风筝卖给老百姓。每年春节和清明节前后，北京的百姓都要买风筝放，迎财神或者是祭奠先人，所以渐渐的就在北京的琉璃厂形成了比较大的风筝市场，“哈记”也就是那会儿开始叫起来的。我们家的风筝刚开始做得也很粗犷，后来因为做工精细，有名气了，就有客人来家里定做风筝了。我们必须按照客人的要求做风筝，才能多赚钱，比如人家说要画龙画凤的风筝——这个在清朝以前是不允许的，一般老百姓画龙画凤是不行的，那我们就必须画得好，画得细，而且飞得还要好。所以北京风筝的风格，包括我们哈氏风筝，都会受宫里和文人好尚的影响。

2. 天津风筝

天津风筝和北京风筝整体风格很相似，也是比较考究，这个和它靠近北京有关，消费的群体也比较接近。天津的风筝多硬翅的，组字风筝比较多，再一个就是美术馆收藏的那种花篮组合式的风筝，这是天津风筝的一大特点。它全部用的是骨架榫卯结构，这是它的优点——北京和潍坊都是用麻线来绑。天津风筝

天津风筝魏，魏国秋制作的软翅风筝

天津风筝魏，魏国秋制作的双蝶风筝

天津的“五福捧寿”风筝

≫ 天津，周树棠制作的
“子孙万代”风筝

的类型非常全面。它的不足呢，我觉得是有点繁琐了。放飞上就相对麻烦一些。像那个大花篮，是软翅组成的，但是它想要飞的话就得缀尾巴——北京风筝除了拍子要缀尾巴外，其他的都不用。我觉得像这种花篮风筝，周围用竹子做成的花和凤完全可以用画面表现出来，可以减轻重量，有利于飞行。当然它是一种纯民间的风筝形式，这也是它的一个特点。

天津风筝还有个特色是它的群燕，就是一放几十个的那种小燕子，飞起来非常好看。

3. 潍坊风筝

潍坊风筝的发展是和清末的时代背景有很大关系的。胶济铁路通车之后，受到外国资本主义经济的刺激，民间手工业发展得很迅速，潍县风筝就是在那时发展起来的。当时在潍坊开了很多做风筝、卖风筝的铺子，比较有名的是唐家风筝铺子。加上潍坊本来的一些手工业艺人开始转行做风筝[9]，或者做一些跟风筝有关的，比如有专门做风筝线桄子的，也有专门生产各种型号的风筝线的。这就使整个潍坊的风筝制作变成各行业一起合作的局面。用现代的词来形容就是形成了一个风筝制作生产流水线。这个流水线的好处就是让潍坊的风筝产量增加了，也让制作成本下降了。

山东潍坊，杨同科制作的“鹰”，鹰翅膀上的两个硬角便是烤出来的。

山东潍坊的"八仙"风筝

潍坊本来就产年画，杨家埠年画艺人就把半印半画工艺用到制作风筝上。潍坊的传统风筝就是把印好的风筝画纸，贴糊到米子架风筝上，糊好了再填色。传统的潍坊风筝还有一个特点，就是它的两个翅膀是烤出来的硬角，不像我们北京风筝是勒出来的弧形。因为风筝的线稿采用木版印刷的方法，杨家埠的风筝成本就下降了，更多的老百姓就买得起。在潍县白浪河沙滩，那时形成了很大的风筝专卖市场。民间风筝种类很多，内容也丰富，色彩很鲜艳，各种价格的都有，当然还是以老百姓买的为主。因为价格便宜，很多外地的商人也去那儿进货，往其他地方倒卖，无形的就把潍坊风筝的名气给捧起来了。当然后来因为历史原因，潍坊风筝也停顿了一段时间。到了80年代初搞风筝会之后，才开始得到了恢复，并且向前推进了一大步。和其他地方比，他们创新的东西比较多一点。潍坊风筝的代表作品是“龙头蜈蚣”。这是对传统蜈蚣风筝的改进，将蜈蚣头改装成龙头，加上本来扎制工艺也很精湛，放飞效果就更好了。

4. 南通风筝

南通的传统风筝种类比较单一，突出的是“哨口”，不是风筝的画面。南通带画面的风筝是在1920年左右出现的。传统的就是几个图案，很简单，因为太复杂的画面就会把哨口压住了。有些专家认为，这种带音响的风筝在宋代非常流行，后来其他地区就失传了，只有南通地区仍保存了这个特色[10]。

南通风筝叫“板鹞”，因为上天后能发出音响，所以又叫“响筝”。南通艺人用秸秆、鸭鹅毛管和竹管，做了很多种“哨子”。“哨子”一般比较小，是长圆形的，属高音部分，发音很尖细，清脆悦耳。“口”又叫“响铃”，外形基本是圆形的。古时工匠师们多以葫芦来制作“口”，小“口”如豆，大“口”似斗，“口”发出的音响，比较浑厚。所谓“哨口”是“哨子”和“口”的统称。这是南通风筝的传统特色，现在他们也很注重风筝的视觉效果，画面也做得很精美了。

南通风筝还有一种特色是“串连星”。当地人把一个长方形和一个正方形的组合叫做“星”，由这个图形组成的一串风筝，就叫“串连星”。这种风筝，哨口排列规整，结构严谨，角角相对，一丝不苟，十分精美。

除了四大风筝产地外，以下的几处也各有特色。山东高密的风筝也是硬翅蝴蝶风筝，非常考究，用的是纺织品的图案，蓝的或者是花的，都那样的，看起来有些繁琐，但是他们也是想要达到那种纯民间的味道。广东阳江一带的灵芝风筝是带风琴的，也不错。还有就是西藏风筝，很特别，它的造型只有一个，就是方块。它的作用就是求风，平时不让放，是把它当做祭神的东西供起来的。到了秋天才放，让它来和天说话，求风的。我说的都是我见过的风筝类型。其他地方就没有特别盛产的了，即使有也是从这几个地方延伸出来的。当然现在就不说了，只要赚钱就做，到处都有。以前产地比较集中，不像现在。农村也有放风筝的，放的可能比较简单，但也是由这几个大城市传出去的。这是我的理解。

江苏南通的板鹞风筝

江苏南通的"天师驱鬼"板鹞风筝

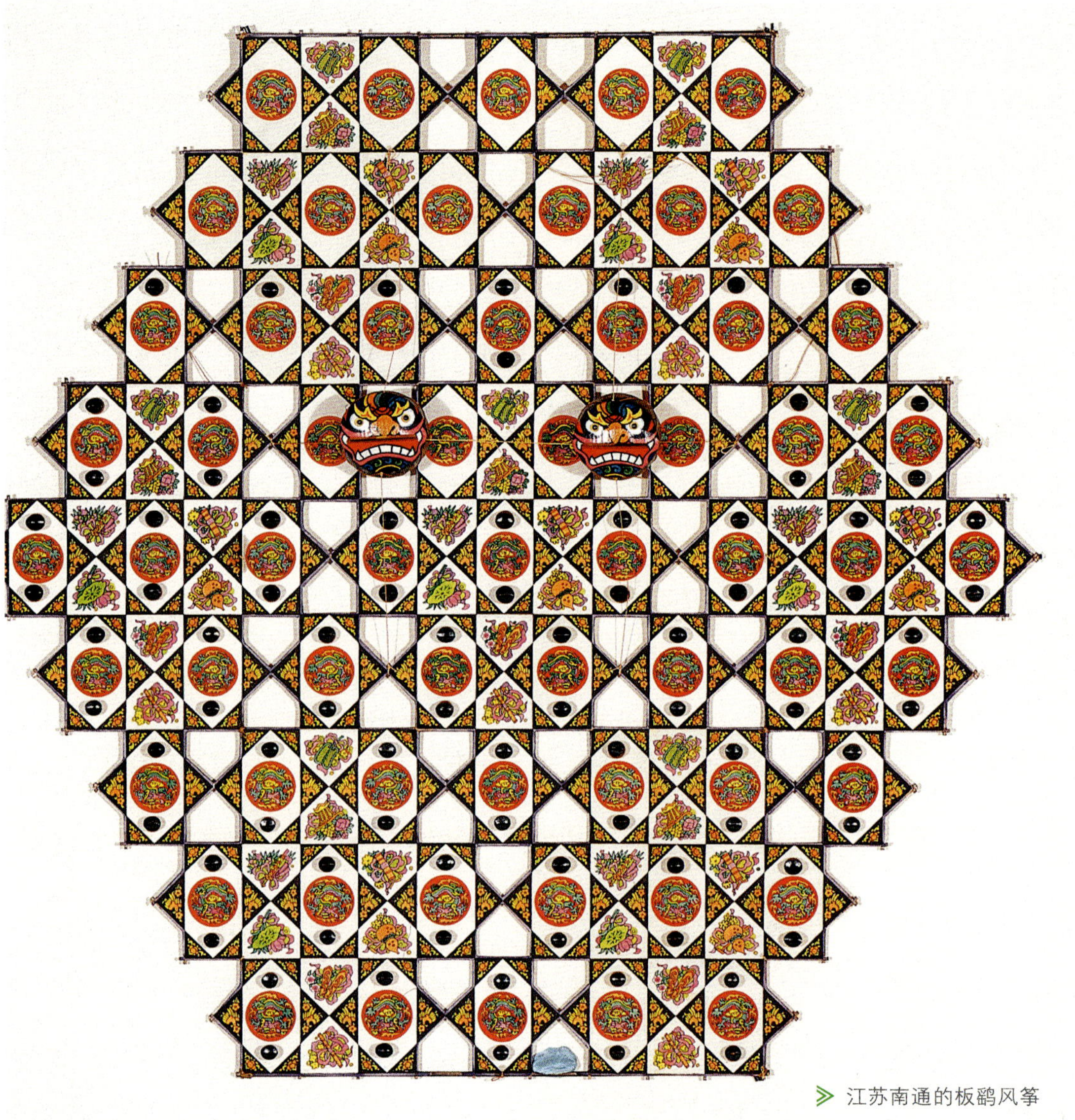

江苏南通的板鹞风筝

用来求风的西藏风筝

四、我所了解的北京风筝

有人说北京风筝有两三百年的历史，我个人认为是不对的，我找的一些资料可以作为佐证。明代刘侗、于奕正所著的《帝京景物略》就有“风鸢戏，现已禁”及“禁止放纸鸢”的字句。因为当时明代的皇帝害怕有人利用风筝测量京城的城墙，所以禁止人们在城内放飞风筝。这些都说明那时候北京就已经有风筝了。所以根据这些资料，说明北京风筝在明代就广泛流行了。

在20世纪60年代以前，北京做风筝的不在少数，但成规模的，风筝种类比较齐全的，公众认可就两派，一个是南城风筝哈的大沙燕，一个是北城金家的黑锅底儿。就是大家经常挂在嘴边的“城南大沙燕，城北黑锅底”。金家是在地安门附近的火神庙，有一个摊位卖风筝，非常便宜，而且大多数卖的都是黑锅底肥燕。肥燕受风面积大好飞，他做的都是民间风格，比较粗犷。金家的风筝已经没了直系的后代。一般买大风筝的都是在南城，就是在我们家买。

父亲曾经给我讲过，原来在琉璃厂和祖父一起卖风筝的还有王二、王三两兄弟，他们是旗人[1]，他家卖的都是粗活风筝，也都没有后人继承。还有灯市口的“风筝于”和“风筝陈”。“风筝陈”是开冥衣铺的，也自己做风筝卖，多是光脚哪吒这类的人物风筝。还有“老虎柯”以卖飞老虎风筝为生，人称“小柯子”。先农坛一带有个郭四，有时会做一些大型风筝。麻达、木碗张都是经营风筝的，自己并不做。

20世纪60年代以后，出现了马晋做的风筝，1982年我与一位老师去了马晋先生的儿子马龙家，看了一些马先生的风筝。品种以硬翅、软翅为主，有肥沙燕、瘦沙燕、蝴蝶和蝙蝠等。1972年《文物》杂志介绍了《南鹞北鸢考工志》一书，相传是曹雪芹传下来的风筝画谱，之后曹氏风筝就出现了。70年代末80年代初，北京城也出现了一批制作风筝的高手，有费宝龄、刘汉祥、关宝翔和冷世祥等。如果刘先生至今在世或者有后人继承的话，也许能自成一派。他的各类型风筝都很有特点，尤其是龙头蜈蚣风筝的龙头装饰和螃蟹风筝都别具一格。从传承这一点来看，我们家的风筝一直没断代，而且每一代都有所发展。

本章小结

关于风筝的历史和流派，已经被太多的人讲述了，哈亦琦有着自己的理解。北京是风筝的四大产地之一，对于北京风筝的特色和流派问题，一直为风筝界所热衷，哈亦琦是土生土长的北京人，他只是坦然地用带着“京腔”的朴实语言，把他所知道的全部讲了出来。

在采访的过程中，我发现哈亦琦老师是个非常认真的人，对待回忆的每一个细节，他都会在认真的思考和回忆之后，才肯说话。这也许是跟他常年制作风筝有关，用他的话来说就是“风筝飞行是有科学依据的，有一点儿不合适都飞不起来”。这种对待技艺的认真体现到采访中，似乎也被哈亦琦老师“科学”地对待了。在这种认真的气氛中，让我很多时候都不由产生敬佩之情，面对一个认真的人，很多东西是来不得一点儿虚假的。

注释

[1] 据《鸿书》记载，鲁班也曾制作过木鸢，曰："公输班制木鸢以窥宋城。"

[2] 宋人高承在《事物纪原·卷八 纸鸢》中说：俗谓之风筝，古今相传，云是韩信所作。高祖之征陈豨也，信谋从中起，故作纸鸢放之，以量未央宫远近，欲以穿地隧入宫中也。盖昔传如此，理或然矣。

[3] 见《北史·卷十九·献文六王传》。

[4] 《新唐书·田悦传》又记，唐建中二年（公元781年），唐将张丕被叛军田悦的军队围在临名，情况危急，张丕"急以纸为风鸢"，其上书有"三日不解，临名士且为悦食"之言，风鸢升空后"高百丈，过悦营上"，田悦命善射者射之，竟不能及，求救书终于由风筝送达援军，因而解围。

[5] 中唐诗人元稹（公元779—831年）在他的咏物诗《有鸟二十章·纸鸢》中写道："有鸟有鸟群纸鸢，因风假势童子牵。"

[6] 北宋张择端（潍坊市诸城人）画的《清明上河图》，宋苏汉臣画的《百子图》，都有放风筝的情景。

[7] 《红楼梦》第七十回里描写了宝玉、黛玉和一群丫环在大观园放风筝的有趣情景。在这里提到的风筝品类有：彩蝶、蝙蝠、大鱼、凤凰、螃蟹、美人、沙燕等十几种，还提到了"剪子股"等放风筝的工具。在第二十二回里，作者曹雪芹又通过探春出了一则风筝谜："阶下儿童仰面时，清明妆点最堪宜。游丝一断浑无力，莫向东风怨别离。"把放风筝的季节、人物以及放风筝断线后的情景写得清清楚楚。

[8] 晚清富察敦崇在《燕京岁时记》中说道："儿童玩好，亦有关于时令。京师十月以后，则有风筝、毽儿等物。风筝即纸鸢，缚竹为骨，以纸糊之，制成仙鹤、孔雀、沙雁、飞虎之类，绘画极工。儿童放之空中，最能清目。有带风琴、锣鼓者，更抑扬可听。"《续博物志》内载："引线而上，令小儿张口仰视，可以泄内热。"这时已有放风筝带有声响器及放风筝对于人身体健康有益的记载。

[9] 潍坊著名画家王福斋开设的王家风筝铺，扎制各种风筝销售于市，成为抢手货。所制"雷震子"、"仙鹤童子"等风筝，名噪一时，成为优秀传统风筝。

[10] 北京的风筝带声响器，和南通带法不一样。北京带的一个是哨，一个是风琴，一个是锣鼓。锣鼓和风琴大部分是北京才有，尤其是锣鼓，一个锣一个鼓，非常原始的机械原理。把它们放在风筝后面，风吹过之后带动它的风斗，风斗带动简单的机械装置来敲打锣和鼓，这就是声响器。

[11] 满族人或是在旗的满族人的称呼。

第二章

哈氏风筝家史篇

本章综述 上篇

采访地点：重庆市江北区哈晶漪女儿家
受 访 人：哈晶漪
采 访 人：任晓姝
录　　音：赵文成

本章是哈氏家族的家史部分，为了尽可能全面地讲述哈氏家族四代人的生平和风筝技艺的传承脉络，笔者分别采访了哈晶漪女士和哈亦琦先生。

哈晶漪为本章上篇的讲述者。她是哈氏风筝第二代传承人哈长英的女儿，作为哈氏风筝第三代唯一在世者，她无疑是哈氏风筝发展史上最为重要的见证人。2008 年 9 月，笔者和同门赵文成一起到重庆拜访了哈晶漪女士。她 1950 年从北京移居重庆，迄今已逾半个世纪，但回忆起父亲和五哥哈魁明当年制作风筝的情景，依然让我们有历历在目的感觉。

本章上篇哈晶漪为我们讲述了哈氏家族上三代人的经历。哈氏家族祖先在清代考中武状元后迁居北京，后家道中落，族人只能自谋生计。哈氏风筝第一代哈国梁本来靠糊灯笼为生，后来见卖风筝利润较大，便开始制作风筝出售。他可能没想到，从此他的后人制作的风筝能在北京城内叫响。哈氏风筝的第二代哈长英通过自己的钻研和努力，使哈氏风筝扬名北京。第三代哈魁明，年轻时便继承了父亲的手艺，但由于战乱和新中国成立以后的种种运动，使他不得不停止对风筝的钻研和制作。“文革”结束后，哈魁明重拾风筝，并将自己的多年心得整理成《筝践》，对哈氏风筝的承上启下起了极其重要的作用。

哈晶漪讲述哈氏风筝三代传人

我们老家在河北河间县果子洼村，这个村全部姓哈，都是信伊斯兰教的回民。现在查到的资料大概有4000多人在那儿居住，散居的要多于这个数。一位姓哈的族人退休后用了5年时间查了河北河间县志和清代的武状元史，整理出了哈家的家谱。我们是哈喇扑达的后裔，他在清朝时考上了武状元，当了一个带兵的武官，举家搬到北京。后来不知是什么缘故，他被削职为民了，只能自谋生计。

（一）哈国梁

我家做风筝的历史要从我爷爷哈国梁那辈算起。到了爷爷这一代，生活境况就很差了。最初爷爷是在琉璃厂[1]靠摆摊卖灯笼的，因为他很喜欢玩风筝，就尝试着上一点便宜的粗货风筝卖。后来看风筝卖得好，爷爷就开始琢磨着自己扎风筝卖。因为自己做出来的风筝不但比趸的质量、样式都好很多，而且成本也低，这样就能多赚几个钱，所以渐渐地家里就由趸货发展到自己做风筝卖了。

爷爷做风筝没有拜过老师，所有的经验都是个人摸索出来的。以前他常拿着根木尺，见到谁手中的风筝好看，就拿尺去量量大小，再把图案背下来，回家后琢磨着自己做。那时候北京都兴放大风筝，风筝越大，价钱越高，所以爷爷做的都是大风筝。这也是我家以大沙燕为特色的一个起源吧。

（二）哈长英

◆ (1)

哈氏风筝到父亲这一辈，才算真正形成自己的特色。

我爷爷一共有5个儿子，我的父亲哈长英出生于1867年，排行老四，从小就跟着爷爷做风筝。父亲年轻的时候是有职业的，他是做瓦匠的。瓦匠活有时节，北京阴历八月以后，天气开始转凉了，也就不再兴土木了。那时父亲就在家忙着扎风筝，等到春节的时候出售。

受家里的影响，父亲很喜欢风筝，做风筝也用心。他非常愿意借鉴别人的长处，比如听说谁家风筝扎的头型好，或者画的人物眼神好，他都会跑去认真看，虚心学习。父亲特别善于总结，人家的风筝好在哪里，不好在哪里，他都会认真钻研一番，取长补短，这样他的风筝就越做越好了。

爷爷去世以后，父亲和五伯伯一起住在琉璃厂的一间房子里。当时，父亲和五伯伯是当地的义务消防员，如果附近有谁家失火，家里就要出一个人去救火。作为回报，消防队给他们哥俩这么一间房子落脚。

父亲不善言表，闲暇时他只管在家做风筝，卖风筝的事情就由五伯伯来操持。春节的时候哥俩就在房子门口支起架子，挂上风筝卖。时间长了，周围的邻居就根据哥俩的姓，“哈记”、“哈记”地叫，慢慢地这个名字就叫开了。“哈记”这个名字实际上是街坊邻居给起的。

◆ (2)

过去北京从春节开始到旧历（农历）的二月份，都是卖风筝的时节，初一到十五这几天，风筝卖得最好，几乎每一天我家都要卖20多个粗活风筝[2]。这种卖给老百姓的粗活风筝，都是纸糊的，画工也不是很精细，所以价钱都很便宜[3]，但比起城北的风筝金（金福忠）的风筝还是贵得多。当时我们家市面价格最便宜的粗活风筝要40个大子儿，他家的风筝只要4个大子儿就能买一个。记得有一年大年初一，我家卖风筝就赚了73块大洋。春节前后的这段时间，卖风筝赚到的钱能维持我们全家人将近一年的开销。

卖风筝的同时家里还负责维修风筝。比如有人买我们的风筝放，着地时没落好，撞到墙上坏了，拿到“哈记”来，我们就给修理。一般老百姓的风筝我们维修基本都不收钱。

春节期间也有人上门定做风筝。定做的风筝，价钱就要高得多。在那时“哈记”风筝就已经小有名气了，因为父亲能画出客人想要的任何图案。比如客人想要个茶壶形的风筝，只要告诉父亲是个什么样的壶，多大尺寸就可以了，他准保做出来，而且还像。

有一件事我印象很深。在我十几岁的时候，一位顾客来我们家定做风筝，他掏出一个烟盒来，烟盒上有一个很瘦很瘦的人，顶着一个很大的球，客人就叫父亲照着这个烟盒上的图案做一个8尺大的风筝。8尺大小的风筝做出来比一般人还要高[4]。父亲做的这个瘦人顶球风筝是软翅的，风筝上部分画的是大球，下部分画的是那个瘦骨嶙峋的人，中间的膀子上画了很多云彩，显得很活泼。父亲做好之后，客人看了很满意。像这样的风筝，要是不赶工，可以卖到普通8尺风筝两倍的价钱。至于这个客人为什么定做这样一个图案的风筝我们也不知道，因为我们是尊重客人的意见和想法的，他们想要什么我们就给做出来，轻易不打听原因，这是我们手艺人的一个规矩。

◆ (3)

我们哈家的风筝有自己的特色，第一是要飞得好，第二要画工细。父亲非常重视风筝的放飞，所以对原料就特别讲究，每次选料时都是他亲自去，从不含糊。当时在北京的哈德门有一个花市，做风筝用的材料像竹子、纸张、绢、线，那里都有批发的。每年春天父亲就骑车走很远到哈德门去买。那时候交通不方便，所以他去一次就会买很多竹子预备着。竹子保存好了，用不完的隔年一样能用。

对竹子的选择很讲究，风筝不同的地方需要用不同的竹子做。在买的一捆竹子中，有薄有厚，有老一点的，也有嫩一点的，分很多种。这些竹子有的适合做风筝膀条，有的适合做风筝腿子。闲暇时间父亲会按照不同的种类把竹子截好，按不同的尺寸分类，赶到我们集中制作的时候，需要什么就拿什么，方便又省事。

颜料是材料里非常重要的。以前画风筝都用品色。父亲对颜料保管得很仔细，我很小的时候就见他把这些颜色分放在不同的口袋里。这些颜料是从矿物质中提炼出来的，都是硬硬的颗粒，不像现在的水粉、水彩，都是现成的，拿来就能用。每次父亲给风筝上色前都要先熬制颜色。那时候用品色画出来的风筝都鲜艳得很，因为是自己配颜色，所以浓淡都由自己说了算。我从小就帮父亲熬颜色，每次都是他先在一个带把的小砂锅中放好颜色，添好水后，才让我帮忙在一旁看着。熬颜色要等水开上几次，看颜料融化了才算熬好。这个水和颜色都是有比例的，多了少了都不成。每次颜料熬化了，我都要叫父亲看看，他说行了才算好。

纸张、绢和拴风筝的绳、线也是父亲去买。我们做大风筝都用油杉纸，油杉纸要选厚的。那时候买纸都到大纸店去买，因为大纸店可以挑选，在一捆纸里面选几张自己看好的。后来，父亲年岁大了，需要帮手，才开始带着我的几个哥哥去买材料。父亲带着他们去挑竹子，教他们买什么样的竹子合适。大哥和五哥哈魁明都跟父亲去过花市。

等这些原料都准备齐了，就可以制作风筝了。父亲对骨架制作要求很严格，他要求我们哈家的风筝放飞一定要四平八稳才算行。他的眼睛很厉害，不论什么风筝，瞧上一眼就能看出哪个风筝放起来不平稳。父亲把家里做的各类风筝都规定了标准尺寸，留出标准骨架来。这个标准骨架是怎么来的呢？比如做10个6尺的瘦沙燕，哪个飞得最好，就把那件风筝留下来作为标准骨架。以后只要是做6尺的瘦沙燕都以它为标准。他经常跟我们讲：“如果不严格，到放飞的时候就看出来了，飞得不好或者不起飞。”

我家的风筝除了讲究飞得稳，也要求画得好。画得好手上就要有真功夫，父亲的画工非常好，也许是跟他做过瓦匠的经历有关系。父亲经常画建筑图，比例掌握得准。加上父亲喜欢画画，勤于钻研，所以画什么都画得很像，当时他的画工在施工组里也是有名的。我听父亲说，他的瓦匠师傅在去世前，曾把他叫过去画棺材。那个瓦匠师傅带了一百多号徒弟，父亲是他的大徒弟。他对父亲说：“哈长英，我要死了。你给我的棺材画上画，棺材两边画上八仙人，顶上画上寿字，脚底下画莲花。”父亲一口答应了。等棺材画好了，师傅看了非常满意。

父亲说过，风筝里比较难刻画的是人物，人物风筝最难的地方是开脸，开脸最难的是画眼睛。父亲经常讲：“画人要像，脸要开好，画人传神，眼要画好。”人物风筝不论是画男人还是女人，眼睛画好了才传神。父亲画的人物非常传神，就是因为他特别善于把握眼睛的神采。他有一次画了一个钟馗打伞，第一次画完了觉得不满意，认为自己画的这个钟馗眼神不够凶，便又重新画了一幅，这次他满意了，就把画好的风筝放到屋外。那时候我才十几岁，晚上起来要上厕所，看见父亲画的那个钟馗非常害怕，都不敢出门，觉得无论我走到哪里那个钟馗都用他的眼睛凶狠地盯住我，就是白天我也不敢看。这件事给我的印象非常深，已经过了将近60年，我依然记得父亲画的钟馗那恶狠狠的眼神。

除了钟馗，父亲最擅长画美人。他一有空就去颐和园，那时候颐和园画有红楼梦的长廊还没被毁掉，他常常去那里看长廊里的小姐和侍女都是怎么画的。他很注意观察画里人物的服装、神态和姿态都是什么样的。遇到画得好的人物，要看上好久，回家后还要反复琢磨。他学习的这些都能在画片里表现出来。

父亲发明了很多风筝图案，瘦沙燕是比较有代表性的。我家的瘦沙燕一般多用黑和红两种颜色，画出来颜色很鲜明。父亲做过的瘦沙燕款式很多，但主要是以龙和蝙蝠为题材。龙和蝙蝠算是我家瘦沙燕中比较经典的图案了，也是我们哈氏风筝的特点。

父亲画的龙，龙身蜷曲得厉害，像蛇一样。“苍龙训子”图案的风筝，画的是一条大龙喷出一口白气，白气上面出现一条小龙，画面很生动。他给别人定做“五龙燕”时，会按照客人的要求画各种颜色的云彩。“五龙燕”最难画的就是云彩，不单云彩的颜色和龙的颜色要有区别，画出来还要显眼好看。我们家风筝的颜色并不固定，怎么好看怎么画。还有一款“九龙燕”风筝，在画面上画有九条龙，这个风筝的绘制难度就更大了，因为九条龙要同时出现在一个风筝上，所以对画工要求很高。这九条龙全都要画出龙头龙身来，有一个画不好，就破坏了整体的效果。

蝙蝠图案的风筝大多是定做的，梨园界的客人很喜欢这种图案，比如“福寿双全”、“双福捧寿”什么的，寓意好。我们家一般做有五福、七福的风筝，风筝上的蝙蝠也可以根据买主的需要来定做，比如客人想要13个蝙蝠的，我们也会尽力做出来，但价钱也要加倍。我们家的瘦沙燕还有一种“云福燕”，也叫“万

哈氏的“苍龙训子”风筝

福流云”，就是由蝙蝠和云彩组成的图案。这个款式的风筝有很多客人定做，我们就根据客人的要求做，在风筝上画出彩云、红云或是灰云的背景。其中要数彩云最不好做了，因为每块云彩颜色不一样，画在云彩上的蝙蝠颜色也不能和云彩重叠了，而且蝙蝠的颜色和云彩的颜色放在一起还要协调好看，画起来就格外费心思，也非常考功夫。

其他的图案父亲也做过，比如在瘦沙燕上画上狮子绣球，这种图案很费工，一个狮子一个姿态，不能重复，所以价钱也高，有人定做父亲才画。

就是因为父亲的风筝飞得稳，画工细，才越来越有名。

现在美国旧金山自然博物馆还珍藏了父亲的4件风筝，都是约一米左右的硬拍子风筝，分别是钟馗、香炉、双鱼和莲花葫芦。据博物馆的记载是“美国的罗福教授在1903年购于北京琉璃厂”，这是能看到的我家最早的风筝，到现在已经100多年了。

1915年，北洋政府的农商部从我家店里买了父亲精心制作的4件软翅丝绢风筝：蝴蝶、蜻蜓、仙鹤和凤凰，参加一个在美国旧金山搞的庆祝巴拿马运河通航的万国博览会，中国出的基本都是手工艺品。父亲的风筝活儿好，画得细，各方面都没得挑，一举得了万国博览会的大奖。第二年，邮局来通知去取这奖牌和奖状，说要是拿4块大洋就取一金奖，拿2块大洋就取一银奖。父亲也不知道这万国博览会、金银奖是怎么回事，也就没怎么在意。我家那时经济上还很拮据，不可能拿4块大洋去领奖，就去拿了银奖。那奖状挂在“哈记”店铺里很多年。

从这以后，我们家的风筝就算是把自己的名号给打出来了。特别是那些有钱有势的人，定做风筝，基本上都会到“哈记”来。当时北京城还流行这么几句民谣：“进北京，逛厂甸，玻璃，琉璃，大沙燕。”就说那时我们家风筝的影响到了这种程度。孙殿起的《琉璃厂小志》里面也写道：“‘哈记’风筝店，在琉璃厂中间路北仁威观。按近数十年，以‘哈记’所售风筝为最著。”

父亲在1920年还做了一个8平方米的硬翅大花篮，也很轰动。放飞的时候好多人跟去看，得好几个人才能放飞起来。哈亦琦说这是我家最大的硬翅风筝了，到今天还没有超过这个尺寸的。

◆ （4）

30年代的时候，北京城里很流行放风筝，当时放风筝也是运动项目之一。城里放风筝的小孩特别多，街上、巷子里、房上都能放风筝。这个时期北京时兴放大风筝，父亲也就做大风筝。

1935年以前，我家住在辟才胡同46号，以前叫劈柴胡同，齐白石也住那儿。房子是租的，三间北房，一间耳房。当时在这地方我们家的风筝就成为一景，什么景呢，我们家的大风筝因为尺寸太大了，从正门出不去，就得翻墙。一翻墙邻居看见就知道，哈家又得给人送风筝去了。风筝翻墙以后，就由我二哥骑着自行车给人送过去。送到哪儿呢？送到“四面钟广场”[5]，那是北京人放风筝比较有名的地方，谁有好的风筝都拿到那儿去放。当时我们经常去那儿给买主试放大风筝，风筝飞得好了才交给买主。五

1903 年，美国罗福教授在北京琉璃厂购得哈长英制作的四件风筝，分别为钟馗、香炉、双鱼和莲花葫芦（图片从左至右），是现存最早的哈氏风筝作品。

1951 年，哈魁明复制了父亲哈长英在巴拿马国际博览会获银奖的作品彩蝶风筝（109 厘米 x118 厘米）。

≫ 红蜻蜓风筝（142厘米x175厘米），哈亦琦在1995年制作，也是哈长英1915年在巴拿马国际博览会上获银奖的复制品。

哥说他14岁的时候，在四面钟看见天上的风筝最多有280多只，特别热闹。到了晚上，有的风筝没有收下来，虽然看不见了，但还能听见风筝的琴弦发出的声音。每年城南游艺园还要举办一年一度的风筝赛会，去那儿的人很多。

那个年代能放得起大风筝的还数梨园界的人。梅兰芳学戏的时候，我父亲就在琉璃厂卖风筝了。梅兰芳一直很喜欢放风筝，也很喜欢我家的风筝。那时候梨园界有的人抽大烟，但是梅兰芳没这些嗜好，就爱放风筝。30年代，梅兰芳、金少山经常到我们家定做大风筝，然后拿到四面钟广场去放。他和金少山两个人经常比着谁的风筝大，谁的风筝新奇，谁的风筝放得高。

大风筝一般人不敢放，非常有经验的人才能放起来。举个例子，一丈二的风筝，立起来比房子还高，放飞完全凭经验和技术，感觉到风不合适就不能放。如果你没经验，在风不合适的天气放风筝，风筝一定会摔下来，有时候可能骨架都会摔碎。过去，我二哥和三哥就是给一些达官贵人去放飞风筝的。二哥个高，力气大，经验也多，他把风筝放起来后再由别人接手，这称为“掌头线”。金少山每次放大风筝的时候，“掌头线”都得找二哥。掌一回头线给3块大洋做辛苦费。

当时梨园界的这些演员很有钱，梅兰芳他们的出场费特别高，所以出手也大方。金少山是那种有多少钱花多少钱的人，经常招呼三五十人来家里吃饭。他订我们家的风筝很多，最后一次是他在我们家订了一个大风筝，钱还没给清就病了，没多久就去世了，这钱我们也没要。因为金少山活着的时候经常找我二哥去给他放风筝，所以两个人很熟。他死的时候我二哥去了，回来跟我们大家说他家的一个屋里挂满了我们家做的风筝，大的有一丈二、一丈的，最小的也要6尺的。

梨园界的人最信得过我们哈家的风筝，因为我们做出的风筝种类多，基本上客人想要什么样的风筝，我们就能做什么样的；再来就是我们家的风筝飞得很好，质量过得硬。父亲卖风筝很讲信用，答应人家的不论多难做都会按时给人家做好，而且保证质量。梨园界的人就想要新奇、特别的风筝，所以就找我父亲给他们定做。当时北京也有其他风筝店铺，但梨园界的人还是最爱买我们家的风筝，我们有自己的优势。除了梨园界的人外，还有些美国人和法国人经常来我们家定做风筝。我记得我们家接的最多的活，是一个美国人一下定了10对绢做的粗活风筝。我们做好了风筝，要用自制的纸匣子装好。这是我记得父亲卖过最贵的粗活风筝了，一共卖了10块大洋。

◆ (5)

虽然我家的风筝已经很有名气了，但是家里的经济负担还是很大。尤其是后来五伯伯身体不好，不能出门工作，养家糊口的重担实际上落在了父亲一个人的肩上。风筝销量虽然好，可是要负担一家老小十几口人的生活，还是显得很勉强，这也多亏了母亲在背后默默地支持。

父亲在快30岁的时候娶了母亲，虽然是旧社会的包办婚姻，但他们两人的感情非常好。1897年，他们有了第一个孩子，就是我大哥哈魁斌。之后的20多年里他们又生了四个儿子和一个女儿，我就是他们最小的孩子。在我们小的时候，帮不上忙也干不了活，父亲一个人要养那么多孩子是非常辛苦的[6]。

1920年前后，一个美国记者拍摄了五伯伯在“哈记”店铺前的一张照片。照片上有一个棚子，棚子前面站着五伯伯。那时候五伯伯还很年轻，他身边跟着一个小孩，两个人都穿得破破烂烂的。在五伯伯身后有一个用竹子搭的十分简易的架子，上面挂着几只风筝。五伯伯身边的小孩又瘦又黑，我看了半天才认出来那是我三哥，那个破破烂烂的棚子就是最初的“哈记”店铺。当时北京的风筝行业很少有专门开店的，我们家在琉璃厂西北角的位置有这样两个棚子，后来才慢慢盖成两间铺面房，充其量不到30平方米。到卖风筝的季节就把房檐以上搭起一个架子，挂上一个大风筝，招揽生意，就跟做广告似的。从照片上就能看出来，那时候我家的生活有多苦。等到我的几个哥哥长大了，都能干活了，家境才慢慢转好。

1920年的哈记风筝铺

我的哥哥们长大以后，开始经营饭馆。那时“哈记”除了春节期间卖风筝外，其余时间卖早点和午餐，平常也兼带着接一些定做风筝的活。在五哥辍学以前，“哈记”饭馆的生意就由大哥、二哥、三哥、四哥和一个侄子在经营。这个侄子是我大哥的儿子，年龄比我和五哥都大。他们5个人经营的饭馆就能维持当时全家33口人的生活。那时我大哥的年龄大了，在“哈记”饭馆也就是负责打扫打扫卫生、跑跑堂什么的。三哥管店里的账，四哥则主要负责掌勺做菜。大家不论是开饭馆还是卖风筝赚了钱，都会交给我，我负责安排家里的一切生活开销。父亲和五哥平时就在家里接活，做风筝。我和其他几位哥哥也都会做风筝，但只是在春节前忙着赶做风筝时才搭把手，其余时间我们很少参与风筝的制作。

年轻时的哈晶漪

当时因为家里除了我和五哥没结婚，其余的哥哥都结婚生子了，人口越来越多，1935年之后，我们家就住到现在的护国寺大杨家4号（原来叫大羊圈胡同，之前是11号，“文革”之后改成4号了）。当时是买了一半的房，西房和南房，1948年的时候，又花了2000块大洋才把整个院子全买下。

◆ (6)

30年代初，时局还算稳定，那段时间我们家的风筝最出名。当时报馆记者经常来家里采访，我们家的风筝还登过报。记者来采访都是三哥接待，记者也经常给我们照相，但是那时候我们不注重这些，觉得来宣传就宣传，这些对我们也没什么影响，我们还是照常生活，做风筝。遗憾的是没有留下资料、照片什么的。

我们家的风筝出名了，也就有仿我们家风筝的了。只要是仿的，我们一下就能看出来。那些个仿我们家风筝的人或者说自己是“哈记”的徒弟，或者说自己卖的是“哈记”的风筝，但没有敢说自己就是正宗“哈记”的。父亲这辈子从来没收过外姓的徒弟，我们也建议让父亲带两个徒弟，可是父亲不同意，就说我自己还要饭呢，这么穷也让人家跟着要饭啊。其实没收徒弟有两个原因，第一个就是风筝艺人生活非常艰难，大多时候光靠卖风筝很难糊口；第二个就是收徒弟还要多养一口人，家里实在没有那个条件。

父亲劳苦一辈子，没什么别的爱好。不会唱戏，平常也不练功，不喝酒，更没有赌博、抽大烟什么的恶习。父亲这辈子为了要养家，赚了一点钱就交给母亲，没有闲工夫也没有钱玩儿。当时梨园界的人因为总买我们家的风筝，所以跟父亲很熟，他们经常招呼父亲看戏去，可他却没有时间去，有空就画画片，做风筝。

父亲很传统，在生活上对待我们还是很严格的，我们兄妹几个也都很守规矩，懂得礼貌，互敬互爱。

我们这一代兄妹六人，做风筝都是父亲口传心授的。在这样一个家庭氛围里，潜移默化地就都会做了。父亲教导我们非常有耐心。有时候父亲画好了一张画，就会招呼我们看看他画得怎么样。我们就会七嘴八舌地给父亲的画挑毛病。我们都是想到什么说什么，父亲也从来不会因为我们说得不对而批评我们。等到我们说完了，他才会给我们讲他这么画的原因。还有就是父亲从不强迫我们都去听他讲画，或者跟他学做风筝，他非常民主，这在五哥日记里也提到过（引用如下）[7]：

据我记忆当时制作人有先父哈长英，长兄魁斌，次兄魁寿，三哥魁亮，四哥魁光，鄙人魁明，胞妹晶漪，再有辅助工侄子侄女永成、永福、贵兰、贵琴，共计十人以上每天夜晚由七点上下起，直至夜间两三点，有时通宵，当然不能全体一起按上下班规定制度式的制作，先父年老早休息，魁寿、魁亮白天盯着卖货要早些休息。总之，夜间十二时以前，人数是比较齐，高低声的争论，甚至有时喧乱一团，除少数闲话外，大部分是制、放交流，进行研究，弥补差距，每夜如此辩论，看来比起现代的辩论会还热烈，在风筝上收获是比较大的。既不影响生产，又能精益求精，所以全家老幼，耳濡目染都成了风筝内行，都有大小程度不同的风筝常识，有时间谈闲话仍不外乎风筝，一家人全体老幼无形就成了小型的风筝研究所了。所以，履行了理论与实践相结合道路，又通过实践、实践、再实践，反复实践，再加上经常的制、放交流出来的产品是比较精确的。

父亲曾经做过一个拍子，上面画的是八仙庆寿。八个人物的位置都有规定，父亲给我们讲过，比如何仙姑，是个姑娘又是美人，在定位置的时候就避免和韩湘子、蓝采和站在一起，应该把何仙姑和铁拐李画在一起。因为铁拐李的丑和怪，能把何仙姑衬托得特别美，效果特别好。像韩湘子、蓝采和这样长得很漂亮的年轻男子，他们的笑和姑娘小姐的笑不一样，是有区别的，关键在神态和眼神的处理上是不同的。

一次父亲画完韩湘子给我们看，我们就不理解为什么父亲画的韩湘子要抿着嘴笑，我们觉得小伙子都是很豪爽地哈哈大笑的。父亲就给我们讲，他这里画的韩湘子是八仙之一，是有别于常人的神仙，要有神仙的仙风道骨，他的笑容就要符合他的身份地位。

父亲在60多岁时还能画开脸呢，他有时会一边画画，一边给我们讲解。一次，父亲画了一个钟馗，这个钟馗一只手捏着一绺胡须，父亲就给我们讲为什么要画钟馗抬起一只手来捏胡须，就是为了突出他的神情劲儿来。钟馗抬起来一只手，他的眼神就要向相反的方向看，这样画出来的钟馗神态好，构图也饱满。

钟馗有好几种姿势，父亲每画一种都会很耐心地讲给我们，怎么画，怎么构图好看。比如钟馗嫁妹，钟馗的神态就不能太凶，要欢喜的样子。但他的欢喜要很自然，因为他长得很丑，画这个嫁妹的钟馗不能怒目圆睁，也不是哈哈大笑，这种神态是非常难画的。

慢慢地父亲年纪大了，就把风筝的活全交给我们了，哥哥们谁想做就谁做，做好后给父亲看，谁做得好就用谁的。因为五哥做得最好，后来的定做活儿实际都是由五哥完成的了。

父亲是1946年去世的。他这辈子最大的心愿，也是他一直努力的，就是把哈家的风筝做好，让全家人都能吃饱饭。那时候日子真是难过啊，父亲真的不容易。如果没有他对风筝那么坚持，也没有今天的哈氏风筝了。哈家的风筝后继有人，他应该感到很欣慰。

（三）哈魁明

说起做风筝，我们兄妹几个都会做，但真正能成为哈氏风筝第三代传人的还是五哥哈魁明，他在我们兄妹中制作风筝技艺最全面。五哥在18岁的时候就已经接替父亲，为客人扎制定做的精品风筝了。年轻的时候，五哥能无所顾忌地做风筝，生活虽然清苦，日子却过得很快乐。可很多事情都是难以预料的，“文革”时，风筝被看做是“四旧”。五哥所有的作品连同祖辈留来的风筝画稿、工具和竹子都被烧毁了，他也被扣上了“右派”的帽子。就是这样，五哥依然没有放弃，他还是在偷偷地做风筝，写资料。正是五哥才让哈氏风筝能有今天，这是他最大的功德。

◆（1）

五哥哈魁明生于1916年，比我大7岁。在我的这些哥哥里，我和他的感情最深最好，我们总有说不完的话。

也许是因为受父亲做风筝的影响吧，五哥从小就对风筝很着迷。每次父亲给我们讲完了怎么做风筝之后，他都会认真琢磨。五哥跟父亲从不犟嘴，父亲给他指点的时候，他也非常虚心，从来没和父亲红过脸。五哥很勤奋，兄弟几个，数他做风筝进步最大。父亲见他很用心，就对他要求特别严格，指导他如何开脸，怎么把风筝架子扎好。五哥得到了父亲的亲传，不论是扎制还是画工都很过硬。

那时大哥风筝做得也好，但是大哥都是做大型的。比起大哥的大风筝，五哥更喜欢把风筝往细致了做，他用绢做的风筝非常细致。他画的人物、龙、蝙蝠也很像父亲。记得五哥第一个五龙燕风筝是在三尺的风筝上画的，画完了拿给父亲看，父亲非常惊讶，因为五哥不论颜色和造型画得都非常好。

五哥18岁的时候开始正式跟父亲学习做风筝的。20个世纪二三十年代的时候，好的高中学费很高，那时讲究用面粉当学费，好学校半学期要交三四袋面粉，一袋面粉有40斤重，要两块多大洋一袋[8]。交学费时要一下拿出10多块大洋来，家里很难负担，加上我们兄弟姐妹多，侄子侄女跟我和五哥的年龄也相仿，都要吃饭、上学，所以父亲看到这种情况就跟五哥说："干脆你就别念了，在家跟我学做风筝吧。"这样五哥上学上到初中毕业，就没再继续读下去，辍学在家开始跟着父亲学习做风筝了。

也就是在这一年，父亲把我的几个哥哥都叫去，问他们谁能把"钟馗嫁妹"[9]做出来，五哥说他能。然后他用了三天三夜，做了一个米字架风筝，面画上的钟馗画得非常细，神态和动势都很好。风筝做出来搁店里没两天就卖了13块大洋。父亲就跟五哥说："好了，从这开始细活全是你做了。"从此之后，父亲就把手里的活慢慢放下了，主要就是做指导和一些辅助的工作，五哥继承了他的手艺，他很放心。30年代是我家风筝生意最好的时候。那会儿"哈记"以父亲的名义接定做风筝的活，实际上这些风筝很多都是五哥来完成的。五哥把风筝做完了，都要给父亲看。父亲觉得好，这才把风筝交给客人。要是五哥实在忙不过来，我就偶尔给他打打下手，帮忙画一些简单的图案。

◆ (2)

五哥的业余爱好很多，小时候他就很爱打拳，每天很早起来练功。我记得他还把砖头掏空了，拿着练习臂力。五哥也爱摔跤，我们住的地方有个院子，到了周六、周日的中午，几个哥哥忙完了"哈记"饭馆里的活，就找朋友来家里摔跤。我和侄女们就躲在屋子里偷偷看，那个场景到现在我也忘不了。

有时候五哥也会约上自己的朋友、琉璃厂的街坊和电话局的人一起去放鹰，二哥、三哥也会去，抓到的兔子今天你拿走，明天他拿走，大家就是图个高兴。我从来没亲眼看过放鹰，这些都是五哥讲给我的。

五哥一直喜欢听戏，是票友，自己也会唱两句。他唱的是老旦，因为爱听戏唱戏，还拜过老师学戏呢。当时徐霖甫（音）是唱老旦的大行家，五哥就通过朋友介绍认识了徐霖甫，拜了老师。这个拜师也就是请老师说说戏，不是人家专业的。后来他还登台唱过一次《钓金龟》，听说表演得还不错。

除了唱戏，五哥还写得一手好字，从学校毕业回家以后，他白天跟父亲学做风筝，晚上就练字、看书。他最喜欢颜体，只要有时间就会练习毛笔字。这个对他画风筝也是有帮助的。

好景不长，1938年，日本人进了北京[10]，当时真是人心惶惶啊。日本人一进来就发布了禁止一切娱乐活动的命令，家里的风筝不能卖了，我们只能靠“哈记”饭馆的买卖为生。“哈记”饭馆的买卖都是做劳动人民的生意，东西卖得很便宜，赚的钱只能勉强维持我们一家人糊口。那时五哥不能做风筝了，但是我知道他心里还是惦记着。

1940 年哈魁明留影

◆（3）

到了新中国成立以后，气氛也不那么紧张了。虽然没有下命令说不许放风筝，但是风筝还是卖不了，那会儿大家穷得很，哪有闲情逸致放风筝啊。我们家的风筝也就一直这么停着。五哥那会儿就忙着馆子里的事，得点儿空，他还琢磨着做风筝呢。那段时间他做了好些风筝啊，但都不是卖钱，他做的风筝都送给朋友和喜欢风筝的人了。收藏他风筝最多的是一位叫徐家驹的先生（已去世）。徐先生就喜好风筝，放得也好，保管风筝也非常仔细。80年代末的时候，哈亦琦还从徐先生那儿收回了五哥的7件风筝呢，都是他1951年做的。

1956年，北京开始公私合营，不允许私人做生意了。我们家的店不能开了，全家迁到了骡马市，几个哥哥都给分配了工作，有了单位，“哈记”也就不存在了[11]。后来五哥在西城饮食公司，也开始做“勤行”的活儿[12]。

1956年缅甸总理吴努来北京访问，带着夫人孩子一块来的。周恩来总理赠送的国宾礼物中，就有两件哈氏软翅绢质风筝。有一天我回家，就看见门口停着辆轿车，街坊都围着外边看呢。我就问什么事，他们告诉我说是外交部来人了。我进院子看见五哥和两个人在商量，五哥一边听一边点头说没问题，包在他

哈魁明1951年制作的蝉拍子风筝（36厘米x28厘米）

哈魁明1951年制作的福寿蝙蝠硬拍子风筝（34厘米x28厘米）

哈魁明1951年制作的五龙瘦燕风筝（90厘米x85厘米）

身上。等人都走了以后，五哥跟我们说是外交部通过荣宝斋的人找到他，请他做两件风筝送给缅甸总理。他那几天就没上班了，就在家琢磨这风筝的事。他花了好几天，还熬了好几个晚上，做了两个蜻蜓，一个绿的，一个红的，画得特别精致。后来外交部那位工作人员来取风筝，还非要给钱，说这是国家的规定。五哥就坚决不要，说哪能要钱啊，能做风筝送外宾是国家看得起我家的手艺，是一种光荣，就没要钱。听说吴努总理收到这个礼物之后非常高兴，赞不绝口。我们全家人都觉得很光荣。后来外交部还特意派人给五哥送了一支派克钢笔，表示感谢。一年之后，当时在《文汇报》做记者的朱培初先生，为了这件事还特地来采访五哥呢[13]。

◆ (4)

五哥是个喜欢说笑的人，就因为无心的说笑，被人告发，打成了右派。那段时间里他压力很大，心情非常压抑，性格也变了。1961年，上边派人来我们家调查，最后经过研究，把我们家划为个体劳动者，这才给五哥平反，把右派帽子给摘了。

从1961年到1965年，社会平稳些了，但是大家日子过得都很辛苦。当时正经历三年自然灾害嘛，所有人都顾不得别的，能生存、能吃上饭就是好的了。1966年，“文化大革命”开始了。那时五哥在勤行工作，闲余的时候不能也不敢做风筝了。“文革”期间，我因为在重庆也很少再跟家里联系了，后来我才知道，“文革”时为了响应“破四旧”，我的五嫂就把家里留下的关于风筝的东西全部烧毁了。在我去重庆之前，这些东西都是我来保管的，为了把这些东西保存好，我还特意缝了个蓝布袋装着。1960年我临走时，把这些资料留在了家里，我现在一想起这些东西就心痛，后悔当时没带到重庆来。

这些资料里最珍贵的要数我父亲留下的东西了。我记得里面有父亲的画稿，有五哥做的风筝，还有一些照片、奖状之类的东西。我父亲的那些风筝画稿已经保存50多年了，分家时就把这些画稿、照片什么的给了五哥。可惜都被一把火烧掉了。

听说五嫂在家后院的大水缸里烧这些东西的时候，五哥就在屋里躺着，他心里难过啊，但是不能说。整整两个硬木躺柜，我们家几代人的资料、画稿、骨架的标准样品（从一丈五到三尺所有风筝的标准样一套），烧了三天三夜，全没了。那些个东西都是我父亲和五哥生活糊口的家伙，又不是地契房契，可是在那黑白颠倒的年代，没处说理。当时就连朋友寄存在我们家的一个元代的瓷瓶，也被砸毁了。那些被烧毁的东西，是几代人的心血，五哥眼看着自己心爱的东西被毁，心里承受着多大的痛苦和压力啊！这件事情给他打击很大，之后很多年他回忆起当时的情景都心痛万分。这些照片和资料如果留下来的话，对现在考证我们哈氏风筝一定非常有帮助。

即使这样五哥也没有死心，1967年后他开始偷偷写一些关于风筝的笔记，他日记里的原话是这样说的：

1966年，我几代所积累的样品底稿、历史记载全部付之一炬，对我的挫伤更加严重，我沉默了几年，

哈魁明1968年制作的孙悟空人物硬翅风筝（28厘米x31厘米）

在思索、考虑，不把我的手艺传下去我是不甘心的。我制作风筝模型、画册和书籍，不让公开我就悄悄地搞，没有人采纳我就等待时机，于是在十几年的时间当中，我除了八小时上班，其余的时间全部投入到这件事情中来。有时候上班时间快到了，由于忘了时间拿起几个干馒头边走边吃，晚上不到深夜不休息，就这样十几年如一日地搞，我把我写的材料给它命名叫《筝践》，风筝通过实践的记录，为今后风筝爱好者们制作风筝提供方便。

同时他也开始偷着做一些风筝，这些风筝哈亦琦收藏了大概有10件左右。剩下的十几件风筝参加了1979年美术馆的第一次风筝展览，后来都被一个外国人买走了。

≫ 哈魁明1968年制作的"三打白骨精"人物硬翅风筝（32厘米x31厘米）

哈魁明1968年制作的"飞老虎"("龙虎斗")风筝(24厘米x32厘米)

◆ (5)

1979年,侄子哈永增当兵复员回来去看他,见他还挤在昏暗的小屋子里做风筝,就偷偷给当时的国务院副总理邓小平写了封信,恳求国家给民间艺人提供从艺机会。没想到一个礼拜之后,邓小平的秘书就给我五哥来了电话,说总理知道这事了,很重视。然后五哥就被安排到当时轻工部工艺美术公司下面的玩具研究所。五哥在那做了点儿风筝,画了些画稿,3个月之后他就退休了。

1980年哈魁明在家中制作风筝

退休以后,五哥住在西城区护国寺的西廊下,我出差到北京看见他在屋子里搭了一个高架子,上面放满了他的风筝。我就问他怎么做了这么多风筝啊,他

1980年哈魁明在家中制作鲶鱼风筝

就说因为现在退休了，有退休金，就可以做风筝自己玩儿了。五哥有个好朋友，是他的发小，叫寇林泉，原来是古董店的少老板，这个人手上藏有很多古画。当时五哥想做福禄寿三星风筝，自己就画了一幅。画完以后他便到寇家去借乾隆年间的那幅三星图看。他主要是想和古画比较一下，看看自己画的哪点不如意。等寇林泉把画拿出来后，五哥看了很久。回家后五哥跟我说，他的福禄寿是按想象画的，不如古画那么生动传神。之后他重新做了一个福禄寿三星拍子，果然生动了很多。1988年我再到北京，当时五哥的身体还很好。一次闲聊时我跟他说："五哥啊，你搞了这么多年的风筝，送我一个吧，我留着当纪念"。五哥满口答应了。我说想要一个美人的打伞风筝，不想要"五鬼闹判"那种的。1990年五哥特意为我做了一只风筝，这件风筝五哥给它起名叫"吹箫引凤"[14]，是他看了一个神话故事后为我创作的。五哥还在一张纸上写下了这个画的意思，和风筝一起送给我。这些我一直保存着。这个打伞风筝大约有4尺，上面画了一只凤凰，下面画着美人吹箫。五哥画的这个美人头发是一根一根的，细腻极了，她的神态动作都非常美。这个美人一吹箫，就有一只凤凰飞来。这个"丹凤朝阳"里面凤凰的尾巴是用老画法画的，很自然。五哥在打伞风筝上画神话故事，是他的创新，父亲没做过类似的题材。

这种伞翼风筝，是我父亲发明的，过去叫"鬼子人打伞"。风筝上画的都是黄头发、蓝眼珠的外国人打着雨伞的形象。过去都是梨园的人找父亲定做这种风筝，为的是讽刺在中国的外国人。到五哥这一辈，伞翼风筝上就不画外国人了，在内容上开始创新，也更丰富了。五哥送我的这件风筝就是他的创新。就拿

1985年哈魁明制作的伞翼风筝

这个美人说吧，我从没见过父亲画过这种古装的美人。五哥喜欢研究古画，琢磨里面人物的穿着打扮，动作神态，这些古装美人都是从那里面学来的。五哥给我做的这只风筝被一个美国人看中了，要花30美金买走，五哥没卖。我印象里他做的昆虫风筝、“二龙戏珠”还有一件“龙凤瓶”硬拍子都特别好。

哈魁明1980年制作的蚱蜢风筝（74厘米x110厘米）

哈魁明1980年制作的“二龙戏珠”肥燕风筝（100厘米x113厘米）

哈魁明、哈亦琦在1985年共同制作的"龙凤瓶"硬拍子风筝(100厘米×70厘米)

◆ (6)

1979年，北京风筝协会成立了，这是北京第一个独立的风筝专业协会。当时艺术界和风筝界就推荐一些有名气和影响的艺术家，像张谔、张仃、许麟庐、侯宝林、曹振峰和李翔都担任了相应的职务，五哥因为风筝手艺高、资格老被选为副会长，之后他参加了很多活动。

1980年5月23日北京风筝协会成立大会首届成员在美术馆前合影。张仃（前排左八）、侯宝林（前排左九）、曹振峰（前排右四）等人参加，前排右三为哈魁明。

1979年哈魁明在天安门教小朋友们放风筝

1981年哈魁明在北京十三陵水库附近放飞风筝

1982年6月到8月，法中友协在法国搞艺术文化交流活动，就邀请了五哥参加。我听哈亦琦说，当时法中友协邀请我们国家派三个风筝技术人员去法国参加活动，风筝协会就推荐了五哥，还有风筝公司的厂长和一个技术人员。在法国去了4个城市呢[15]，巴黎也去了，在那边做展览，开风筝学习班，活动内容挺丰富的。

1982年哈魁明（左三）在法国交流时表演扎风筝

1982年哈魁明（左三）在法国与风筝爱好者合影留念

从法国回来后，五哥的心情好了很多，周围的人对他的看法也发生了改变。以前别人都认为五哥是个干粗活的人，什么洗个碗啊、扫个地啊，没想到他还能出国参加展览，所以都高看他一眼了。

后来五哥把自己制作风筝的心得体验整理成了笔记，就是《筝践》。那里面记载了大量的风筝扎制技艺和与风筝相关的民俗，里面还有几十幅示例图，都是五哥自己手绘的。1986年，五哥又和他儿子哈亦琦

1982年哈魁明向学生讲述风筝

哈魁明的笔记《筝践》

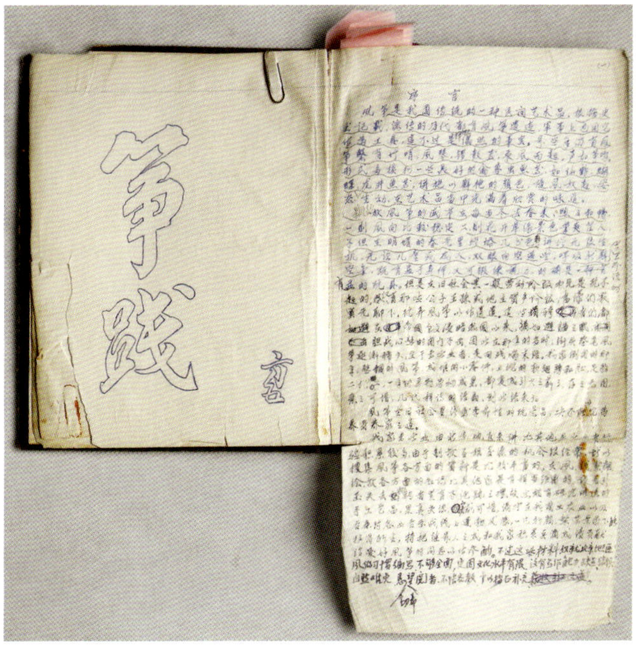

《筝践》的内页

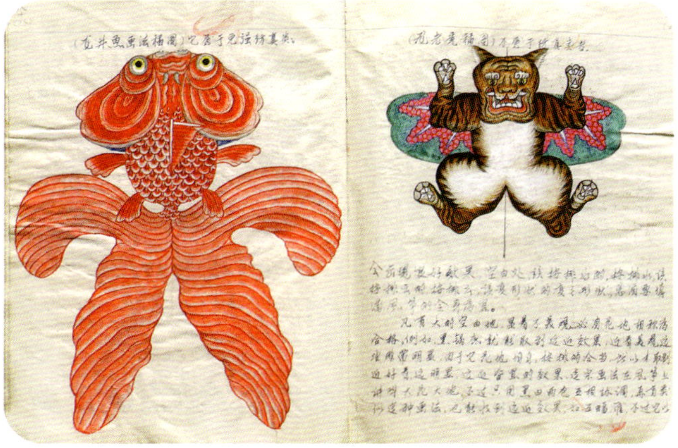

《筝践》中的手绘插图

哈亦琦珍藏了二十余年的《中国哈氏风筝》(与父亲哈魁明合著)

1981年哈魁明在自家院中与二哥哈魁寿、三哥哈魁亮及侄子、外孙合影。这是哈魁明与哥哥们为数不多的几张照片之一。

写了一本关于我们哈氏风筝的书——《中国哈氏风筝》，这本书后来在香港出版了。在那本书里他在哈氏风筝“扎”、“糊”、“绘”、“放”的四门技术之上又增加了“风”和“线”两门，成为六技。他又把哈氏风筝分了八大类：硬翅类、软翅类、硬拍子类、软拍子类、软片类、伞翼类、串类和立体类。

五哥做的这些事儿很了不起，他留下来的资料，是为继承哈氏风筝的后人积累的宝贵财富，这些都是靠他那股执著和钻研的劲头完成的。为了把父亲做的风筝和自己创新的风筝都整理记录下来，五哥克服了很多困难。因为文化有限，很多字他都不会写，都是靠自己查字典、找资料完成的。五哥比父亲苦得多，比父亲还有钻研精神。一直到他生病时他依然坚持着画哈氏风筝的画谱，是非常不容易的，我非常佩服他的毅力。

五哥是1993年去世的。他这一生很坎坷，吃了很多苦，但是他对风筝的执著劲从来没变过。五哥从没有忘记过父亲的期望，哈氏风筝在他手上有了很大的提高，而且他还将风筝制作的全部技艺传给了儿子哈亦琦。

注释

[1] 琉璃厂在宣武区和平门外，辽时为“海王村”。元明时曾设琉璃窑厂，因有“琉璃厂”之称。清初古董商开始在此经营，乾隆时（1736—1795）已成为古玩字画、古籍碑帖及文房四宝的集散地。

[2] “从春天瓦木工还没开始，哈长英把竹条烤成各种风筝样式、规格的骨架子，秋后瓦匠活没了，就全家上阵，扎架子、糊纸，拿笔上颜色作画，到过年时，各种风筝备齐了，上市半个多月就全能卖光。”——胡金兆《百年琉璃厂》

[3] 大子儿就是“当十”的铜圆，也叫“大钱”。一枚铜圆等于十文，100个这种“当十”的铜圆，也叫一吊。后来通行的辅币是“当廿”铜圆，价值等于两枚“当十”铜圆，直到20世纪40年代仍在流行。

[4] 此处为旧尺。旧尺，16寸为一尺。

[5] 旧时北京南城天桥附近有个城南游艺园，前面是戏院，演杂耍、卖膏药、唱评戏、大鼓等的场所，后面是公园。人们经常到这里来玩耍。游艺园西边有个四五里见方的大空场，叫做“四面钟”。这四面钟是用砖砌成的约有两层楼高的建筑。这座由私人出资于1915年落成的建筑，外形似一巨锚，它的顶端四面各有一个不能转动也不能计时的钟面。因此，当时这块地方名字就叫四面钟了。这一带环境宽阔清爽，只有三五棵松树，地方大，来往车辆少，所以最适合放风筝。每逢阴历正月到四月，“四面钟”的风筝就布满天空。

[6] 1911—1919年米价恒定为每旧石6银元，也就是每斤米3.4分钱，或者说1银元可以买30市斤大米；猪肉每斤1角2分—1角3分钱，1银元可以买8斤猪肉；白糖每斤6分钱，植物油每斤7—9分钱，食盐每斤1—2分钱。这时期1银元大约折合人民币45—50元。——陈明远《文化人与钱》

[7] 摘自哈魁明20世纪60年代的日记。

[8] 以下面几个中学、专科和职业学校为例，可大致了解20世纪20年代北平专科和中等学校所需费用：

市立第四中学，学费10元，寄宿费7元，体育费2元，制服费5元，杂费3元，膳食费约5元；

市立第五中学，免收学杂费，体育费高中4元，初中2元；

北平弘达中学，学费初中26元，高中32元；

北平华北中学，学费初中23元，高中29元；

国立北平艺术专科学校，学费每学期10元，杂费、制服费17元；

青年会育才商业专门学校，学费47元；

北平法律函授学校，学费、讲义24元，女生减收17元。——陈明远《文化人与钱》

[9] 钟馗嫁妹是画有7个人物的硬翅米字架风筝，要求绘画精致，难度比较大。

[10] 1937年“七七”事变后，日军于7月29日进驻北平。12月14日成立伪临时政府。翌年4月17日，改北平为北京。

[11] 1979年，“哈记”的房子卖给了一得阁（古董店铺），卖了217块钱。

[12] 即现在的服务业。

[13] “去年十月我国人民送给吴努总理的礼品中有两只四尺长的蜻蜓风筝，一素一花。这两只风筝是北京有名的风筝哈做的。”——1957年2月24日《文汇报》“风筝这一门艺术”作者朱培初。

[14] 相传秦穆公爱女弄玉善吹笙，于西河畔筑吹笙台。她在一个月朗星稀之夜，窗前吹笙，暗中似有一异音相伴，使其如痴如醉，夜梦一英俊少年跨凤而来，以箫和鸣，此即吹箫引凤典故。

[15] 巴黎、波利嘎特、嘎嘎索尼和岗城。

本章综述 下篇

采访地点：北京西直门外哈亦琦住处
受 访 人：哈亦琦
采 访 人：任晓姝

本章下篇为哈亦琦讲述他的成长经历。哈亦琦，1954年生人，10岁时开始制作第一个风筝，但就像哈亦琦自己所说，那时只是一种童趣。到了23岁的时候，他才开始正式跟父亲学习制作风筝。从那时起，到进入北京风筝公司，再到自己下海经商，他的所有人生经历都离不开风筝。风筝成就了哈亦琦，哈亦琦也让哈氏风筝再现辉煌。

我的风筝人生

（一）忘不了的童趣

我父母生了我们姐弟三人，我1954年出生，是最小的儿子。10岁的时候我做的第一个风筝就是那种旗子风筝，用的是高丽纸，是三叔父教我做的。后来拿去天安门广场上放，结果我的风筝线被别人的风筝线割断了，记得当时我还哭了。那时候只是一种童趣，小孩子觉得好玩，并没专门去学。

小时候放风筝最多的场所还是在自己的院子里，当时父亲还在养鸽子，在平台上除了有很多鸽子笼，还有一小块空场，那时放风筝就上房顶去放。在房顶上放风筝需要借助带铁钩的竹竿才行，因为风是在一定高度才有的，需要利用竹竿的高度把风筝带起来。用竹竿上的铁钩挑着风筝的线，把风筝举起来，风筝飞起来了就要一点一点地放线，等风筝飞到一定高度时就撤掉竹竿，最后再把风筝线轴扔在院子里，就可以在院子里放风筝了。这是北京最传统的放风筝的方式。

在“文革”之前，父亲做风筝时，我就经常在旁边看，也常跟着父亲去放风筝。跟着父亲放风筝也是去玩，我就做些像“屁帘儿”或者“旗子”这种的简单风筝去放。记得一次父亲做了一个五福燕，飞着飞着，线断了，我们几个孩子一起去追，追到新街口附近，跑了能有几千米，还真给追到了，这是“文革”前我印象很深的几件事。

（二）第一次做风筝就成功了

1977年，一个同事要出国，让我给他做风筝留个纪念。那是我第一次做沙燕风筝，为了方便朋友携带，我就做了两个小的。因为以前总能看见父亲制作风筝，所以很多东西都在不自知的情况下深深地印在我的脑子里了，比如父亲削竹子的姿态，晕染画面的方法等，而且很多风筝的名称我都知道。第一次做风筝就成功了，给我很大鼓舞，也引发了我的兴趣。就是从那一年起，我开始正式跟着父亲学做风筝了。

起初，我对风筝的热情并不高，我最喜欢的是画画。小学二年级的时候，我就在班里画板报了。那时候没正式学过，但就是喜欢画，而且画得比一般小孩都好。

1971年从四中毕业后，我进了首钢，成为工会的一个美术工作人员，平常负责宣传工作，画点板报，也会跟着首钢的工程师画画图纸啊什么的。1972年，工会要求我们这些美术爱好者以工人的生活、生产为题材搞美术创作，创作手法不限，国画、油画、水彩什么都可以。当时侯一民先生[1]也在首钢，他就把我们这些能够画画的工人组织在一起办了个学习班，算是集中培训吧。我是从那年开始跟一位中央美院毕业的小学老师学习西画的。这个老师是我表哥的同事，叫兆忠伟。他教我的绘画方法类似于俄罗斯的绘画风格。在跟兆老师学习的3年时间里，我每周都要拿上作品让他修改点评，有时是一幅肖像画，有时是素描、速写或者色彩写生。我画西画一直延续到1980年后，才逐渐结束。因为那时候工作太忙了，没有时间再去画画了。当年的一些素描、速写作品到现在我还留着呢。我画国画是跟父亲的一个朋友学的，也是在1972年开始的。这位老师绘画水平非常高，叫沈岚溪（音）。我跟着沈老师学习画花鸟大概有两年时间。在没有正式学习风筝之前，画画占据了我几乎全部的业余生活。

哈亦琦1974年学习绘画时留影

到了1977年，父亲已经可以公开做风筝了，改革开放了嘛，很多观念也就变了。我记得我跟父亲说想学做风筝时，他挺高兴，给我拿了个3尺的瘦沙燕，让我照着做。制作之前父亲只告诉了我关于画面连接处的结合方法和上、中、下骨架强度的比例关系几个要点。我们家3尺的瘦沙燕是比较难做的一种，因为这种尺寸的骨架强度很难把握。

按照父亲给我的提示，没多久我就做出来了，是五鱼燕。四周的4条鱼是紫罗兰颜色，中间的鱼是红色的，而且10个眼睛都能转。风筝做好以后，我和父亲、我三叔父在现在北三环的北面，北太平庄附近的麦地里试飞。这只风筝一下就飞起来了，当时连父亲都没想到能飞得这么好。结果父亲说我是蒙的，让我再照着做两个。我一口气又做了4个，而且每个都飞得很好。自此以后，我做风筝的热情就一发而不可收了。

现在这5只风筝，留在我手里的就只剩下一件九福瘦燕了。五鱼燕，在父亲1982年5月去法国的时候带去展览，送给了法中友好协会。1983年3月我去美国参加“中国风筝展”时，“十三太保”云娃燕和九狮燕同时被美国旧金山中华文化中心收藏了。还有一件“丹凤朝阳”瘦沙燕，1995年时送给了清华大学建筑系的田教授。

做完这5件沙燕后我才开始尝试制作其他类型的风筝。其中有硬翅这类的，也有人物的、昆虫的、多硬翅的，每次做完了都要拿给父亲看，努力做到让父亲满意。

当时我住在一间6平方米左右的房子里——那是1976年唐山大地震后盖的——屋里只有一个衣柜，一张床，一个写字台。平时我就在桌上做东西，做得很辛苦。那时候完全没有卖钱的概念。有一次做一条鲶鱼风筝，尾巴就15米长，用的是软绸子，一般不用矾绢。这鱼尾巴和身子是有斑点的，白色斑点。这个做起来不容易，当时方法很落后，就是放几个圆形的硬纸片，用喷雾器去喷。喷完之后把纸片一去，这斑点不就出来了么。我调了墨绿品色颜料，一段一段地往上喷。结果做完以后，好长一段时间我吐的痰都是绿的，被子也都成绿的了。1983年，我去美国旧金山主持“中国风筝展览”[2]，这件风筝作为奖品送给了参加展览的观众。

1981年父亲哈魁明教授风筝制作技艺

哈亦琦制作的鲶鱼风筝

那会儿是真辛苦，但因为感兴趣，也就没觉着什么，这些辛苦就全放在一边了。我的立体风筝大部分都是在那个小屋里做出来的，很累，但是有乐趣在里面。

（三）在风筝公司的12年（80年代初——1993年）

1980年我进入北京风筝艺术品公司，我从来没有想过，做风筝也能成为一项工作，一项事业，也就是从这开始，我与风筝的缘分越来越深。

◆ (1)

1979年北京风筝协会成立后，改革开放，国家政策允许成立公司，在市区搞“三无”产业。1980年协会就决定组建北京风筝艺术品公司，生产风筝出口[3]，既无污染无噪音又能创造外汇。

公司是由中国美术馆和工商联共同投资的，最初在中国美术馆办公楼里占了两个房间作为办公地点，又用了美院附中地下四间房、地上一间作试验工厂。当时公司申请了“燕牌”商标，标志是一个剪纸形式的飞行燕子图案。

1978年，我从首钢出来在人民教育出版社印刷厂当印刷工人，风筝公司成立那天，我正在印刷厂里上中班，听到这个消息后很高兴，很想去那里工作。后来我就找到当时公司的经理关冀老先生，说明自己的想法。非常巧的是，公司近期刚好要接待一个法国考察团，需要马上借调我。我回印刷厂汇报这件事情，结果厂里的意思是可以直接把人调走，于是没费什么周折，在1980年9月我就到了风筝公司的实验工厂里，做了技术人员。

1980年10月，哈亦琦在北京风筝公司制作风筝

哈亦琦1982年制作的蓝凤蝶风筝（162厘米x18厘米）。这只蓝凤蝶分别在1984年3月，被美国西雅图市市长收藏；2001年6月，被俄罗斯莫斯科市副市长尚采夫收藏；2003年3月，被希腊雅典市市长古斯塔尼收藏。

在实验工厂里工作，我既要带学徒，也要设计产品。工厂里有6位师傅，开了4个班，共40个学员。招收的学员都是美术馆、美协、风筝协会和工商联的职工家属，女学员居多。[4]我和其他3位师傅兼着设计和教学，另外两位专门负责设计。我现在记得的有比我大4岁的赵昆师傅，还有两位姓胡的师傅，其中一个是马晋[5]的学生，他玩风筝比我们年头都多。当时我们实验工厂的领导有厂长和副厂长，我是技术部的组长，相当于现代的设计师吧。因为我在首钢有过画图的经历，所以当时所有的图纸都是我画的。

画图纸是生产流程的一个重要步骤，风筝的骨架、细节都要画得非常细致。这些图纸必须适合生产，而且都是按1：1的比例画的，其中尺寸、薄厚和要求都要标注出来——那时候画的图纸我现在还保存着。风筝画面也有单独的图纸，分为墨线图和色彩图。这些图都是工人制作风筝时的明确依据，同时也是我们检验产品质量的标准。

设计产品不是自己做自己的东西就行了，而是要把各家的风筝收集到一起，重新设计，归纳到生产流程中。当时组建这样一个专门制作风筝的公司，无论是经营还是生产，大家都没有经验，所以什么都要摸索着来。设计商品要考虑到经济和成本问题，在各家的风筝里很多做工和图案都非常好，可是为了适应批量生产，减少成本，我们就要进行简化和改造。这些重新简化后的风筝成本既要划算，适合批量生产，图案还要让人接受、喜欢，这就需要很强的设计能力。

蓝凤蝶是我在1982年设计的，也算是由我设计的哈氏风筝的第一个成功范例吧。蓝凤蝶这个造型完全按传统哈氏风筝的做法，翅膀往上翘——一般蝴蝶都是平的。再一个它的肚子是“马蜂肚”[6]，然后眼睛大于肚子：这都是哈氏风筝的特点。我用了蓝和紫两大块颜色——我们称蓝色是冷中最暖的，紫色是暖中最冷的——两种颜色互相呼应，蓝中有紫，紫中有蓝，视觉效果非常醒目。当时它是公司销售的第一个亮点，很受顾客欢迎，到现在还卖得还非常好。

◆ (2)

随着公司的发展，生产模式不断改变，管理费用也逐渐增加。那时工人有固定工资，又有很多其他的费用需要报销，很多活再由我们自己做，就要赔钱了。为了节省成本，公司就把产品零件的加工拿到郊区和农村这些收费低、剩余劳动力又集中的地方去做。从1981年开始，我们就去找合适的地方加工零部件，验货收货后，再拿回公司组装。比如一个地方专门为我们做骨架，另一个地方专门画颜色。

为我们加工风筝的主要有门头沟、延庆和廊坊这三个地方，这都是我亲自去的。在合作前我把价格、质量要求、交货时间等很多事情都和当地人说好。那时候我记得做一个3尺的风筝，做完骨架再糊好，鼓肚的要4块多钱，平肚的才两块多钱，这样就大大地节约了成本。

1982年，风筝公司归到了工艺品总公司。当时工艺品总公司下面有很多单位，什么玉器厂、景泰蓝厂等等，我们归到工艺品总公司后，和其他下属公司一样是个二级单位。公司改名叫北京市民间艺术品公司，商品也就包含了其他很多种类的民间艺术品。

我也是在这一年开始在工厂做管理工作的。当时国家颁布了“知识化、年轻化、专业化”的政策[7]。我虽然没有很高的学历，但我们这个行业需要很强的专业性，我占了“年轻化、专业化”这两点，所以那一年我被选为副厂长，一年后又被提为正厂长。到了1984年，我做了公司的副经理兼实验工厂的厂长。那时，虽然我是厂长、副经理，但一切都从公司的利益出发，不管是哈氏的、曹氏的、金家的或是别人家的，展览的时候都会拿去。客人选谁的，公司就订谁家的风筝。选中的，公司会付给设计费。虽然钱不多，但是很公平，绝对不搞专制。

记得1983年的一次展览上，我拿了几件自己的风筝，有一个6尺的九龙燕，还有几个小风筝。一个日本客人订了很多风筝，其中就有我做的那个九龙燕，只是把尺寸改成9尺的了。公司要给我设计费，我没要。我觉得为公司奉献是应该的，从来没想过要在这种事情上为自己谋利益。

自己的风筝能被客人挑中并投入生产是件很荣幸的事情，但麻烦的事儿接着就来了。客人只订了6件九龙燕风筝，件数太少，不能到外面加工，我就带着一个工厂里的学徒自己做。我俩在七、八月的天里，点着炉子烤竹子，把6个骨架做出来了。这批风筝的画面大，也没办法在外加工，我就带着两个学徒连续加班一个星期画完了。后来公司要给我奖金，我也没要，我觉得这是为了公家的利益，不能要钱。这6件风筝，那时候每件就要1000多块钱。做完了以后，我们拍了一张照片，6个大风筝连着摆起来，很壮观。

1986年，公司成立了一个民间艺术研究所，主要是研究市场的需要。我管理研究所3年，之后就交给了我的一个搭档。那时候我的心思全在工作中，把自己该做的工作做好。所以不论多辛苦，我都会身先士卒，连夜加班是家常便饭。

也是在1986年，我参加了北京市东城区成人教育学院开办的工业美术设计大专班，在那进修了将近两年。我希望通过学习这门课程可以从工业设计角度出发，把美术和工厂生产更好地结合起来。像立体构成、色彩构成这样比较系统的美术知识，都是在这两年中学到的。从那以后，我在设计风筝时考虑的因素更多了，设计能力也提高了。

◆ (3)

1990年以前，公司的发展一直处于上升状态，从第一笔几千元的生意，到后来的几十万元。那时我们主要是接订单，这些订单有些是我们的上级单位介绍的，有些是通过文化交流活动得到的。文化部、科委、侨办等部门经常组织我们公司去参加一些文化交流活动或者展览，比如到天坛、天安门、长城放风筝等。很多国家都是通过这些活动知道我们，在我们公司定做风筝的。我们接到订单了就要想尽办法在规定的时间内完成，而且质量要高，这是把我们中国的民间艺术介绍给世界的一个开端。

到了20世纪90年代初，体制转型开始了，很多生产民间手工艺品的私有企业相继出现。这些公司生产的产品比我们便宜得多，在这种市场竞争机制下，公司民间工艺品的经营开始走下坡路了。我们公司人员最多的时候有130多人。管理人员增多，费用也加大了。到了1992年，公司开始转型，聘用了新经理，

1989 年 10 月，哈亦琦为日本一位收藏家制作的大型软翅蝴蝶风筝

经营理念也在改变。公司设立了另一个部门，开始承接装修项目做工程了。那时候虽然我还在管理民间艺术品经营这一块，但是公司的转型给我触动很大，也引起我很多思考。那时想得最多的，就是以后我在这个公司还有没有发挥的空间，我们家族的技艺在公司里还能不能有所发展。

考虑的结果是，以后我在公司的发展空间不会太大，我就想自己干。因为生产手工艺的东西，不需要大投入，只要技术过硬，一个人就可以独当一面，参与市场竞争。所以没多久，我就辞职了。

◆（4）

在风筝艺术品公司，我工作了整整 12 年，这段经历让我受益终生。我的收获一是管理上的：当时成立这样一个生产和经营民间手工艺品的公司，首先面临的问题是生产模式的转型。民间手工艺品要从原来私有的、个体家庭作坊式的生产，转型为共有的、集体式的公司、工厂生产。同时还要制定一系列公司制度，比如人员管理、生产制度、经营管理，等等。北京风筝艺术品公司所有的制度的制定，我都直接参与了，有一些还是我独立完成的。那时我们没有任何办公司、经营公司的经验，一切都是自己摸索着来的，比如公司的产品注册，技术标准、质量标准和相关工艺流程的制定，等等。另外在公司做厂长和副经理的几年里，处理各种矛盾和突发事件的能力也在增长。这些对我以后自己开公司的帮助非常大。

二是技术上的：这十多年中，我利用一切时间和一切机会有意识地学习。通过实验、研究，制作了大量的风筝，包括很多异形风筝和新型风筝。那个时候家里没有条件做大风筝，我就在工厂里做了很多大风筝。做过最大的风筝是一丈五的大花篮。

20世纪80年代是我求知欲最强的时候，也是我从事风筝制作以来最重要的10年。我全身心投入到风筝的制作中去，集中做了150多种风筝，对我学习、继承、发展风筝这门技艺至关重要。如果没有我在风筝公司的这段经历，就没有我的今天。

哈亦琦1982年制作的尺寸为一丈五的大花篮

（四）投身商海 有苦有甜

◆（1）

1992年8月，我父亲病重住院。当时正逢公司转型，虽然我职位没变，但那时我就考虑不干了。到1993年春节的时候，我向公司请了事假，父亲在家养病，我在他身边陪护。这期间我在父亲的房间里放了一张带拷贝台的桌子，画了很多图。其中一些是我照着父亲的画稿重新绘制的，也包括几张画谱。我画出的图纸还是比较规范的，很多图都是用曲线笔直接勾画的。每画好一张就给父亲看，他在病床上亲自辅导，指出的问题我随时改正。直到父亲点头，这张图才算通过。这个过程看着不起眼，但就是传承的一个具体体现。当时我也在准备写第二本书《中国哈氏风筝艺术》，画了大量的示意图。

1993年上半年，我辞掉了工作，决定自己经商。那时候很多事情都困扰着我，包括父亲的病情以及以后如何生存、公司怎么经营发展，等等。当时自己没有那么大的能力，是父亲一个在台湾的朋友给我投的资，由我来做技术性的工作，两人共同经营。之后我就开始了筹备工作，包括租房子、准备公司注册资料什么的。1993年6月29日，这一天的上午我拿到公司租房的钥匙，下午父亲就故去了。当时我心中又难过，又渺茫，也就是从那天开始，我算正式“下海”了。

起初公司成员只有4个人：投资人、会计、我和另一个朋友。平常办公人员就3个，投资人不常来。公司叫意达工艺品有限责任公司，主要还是以接风筝的订单为主。公司刚刚成立，所有的基础工作都要做，包括购买原材料、绘制图纸、联系加工单位、对外联系和交涉谈判，等等。我记得在1993年10月底，通过朋友介绍，新加坡有人在我这儿订了8300块钱的风筝。这是我的第一笔生意。在1994年的时候，我有了第二笔生意。当时北京市对外友好协会准备参加在荷兰和比利时举办的文化交流活动，让我在活动中做哈氏风筝的专题展览。北京友协提前向我订了大小不等将近300件风筝，给了我26000块钱。年三十上午我拿到了这笔钱，下午就直奔父亲的墓地去了[8]，我跟父亲说我今天做了笔生意来看看您。那时候公司起步、创业都很艰难，这笔生意了给我很大的鼓舞，心情很激动。同年5月份，我就去荷兰和比利时参加展览了。

公司最难的时候，是2003年的非典时期。那时，北京几乎所有的产品都无法销售了，更别提风筝了。我一个订单也接不到，而且很多订出去的单子还要求退款。就在企业面临着倒闭的时候，一笔生意救了我。4月28日，日本大阪民俗博物馆打电话来跟我定做风筝，大大小小加起来一共54件——这是大阪民俗博物馆第二次订我们家的风筝了。这批风筝里，一丈二的大风筝有12件，6尺的24件，其他的都是些小风筝和串儿风筝，而且都是成对的。这批货开始给了我半年时间，可中途突然要求3个月做完，所以时间特别

1994年哈亦琦在荷兰海牙市国际风筝会上与德国风筝爱好者合影

紧张。但我别无选择，只有完成定单才能生存下去。

非典时期，北京的车辆限制通行，我只能画好图纸之后，跑到给我加工的村子里去和工人说明我的要求，等工人把基础骨架做完了我再拿回来自己组装。那段时间我每天都要工作到夜里十二点后才能休息，包括托裱、画图案、填色等，什么都要自己做。交货的头天晚上我工作到凌晨四点，才把54件风筝全部做好，第二天准时把货交上去。现在回想起来，如果没有以前在国营公司的经历，这个活我是做不下来的，光是压力也把我给压倒了。

从公司成立到现在，除了大批的定件我找工厂合作之外，还有些精品需要自己手工完成。比如在国外展出时，作为国礼送出的风筝，都是我亲自制作的。在2008年奥运期间，我做的一件7寸大小的牡丹蝶风筝，就被马来西亚总理夫人收藏了。

◆（2）

2005年11月，我和朋友合伙开了另一家公司，叫北京汉风至和文化发展有限公司。公司的理念就是用现代的造型和色彩与中国传统元素结合，设计适合现代人使用的产品。我们公司的产品附加值一定要高，不能是简单地给别人做加工。换句话说，我们卖的是创意。

这种想法源于我10多年前出国逛商店的经历。1984年去美国作文化交流展览时，一进美国的商店，我就被橱窗里琳琅满目的商品深深吸引了。那时就有一个疑问产生，为什么外国的商品没有重样的，而国内的商品那么单一、那么千篇一律呢？

随着我出国次数的增加，眼界越来越宽，我发现很多国家的设计新颖独特，更新换代也快。相比之下，我们国内有的商品用了几十年，造型也没有变化。我这种想要改变、想要创新的欲望越来越强烈，中国不是没有好的纹饰和图案啊，比如哈氏风筝画谱，为什么不能利用它们为自己设计的产品服务呢？这种想法一直酝酿着，我自己就许过愿，有一天一定要设计出带有自己国家特色的商品来。

回头看看，其实社会体制对商品设计的发展影响很大。在80年代的计划经济时代，社会上不允许私营企业出现，也就没有竞争，商品都是在计划经济的控制下生产的，百姓没有选择的余地，那时的商品大多数仅仅可以满足使用功能。到了90年代，虽然私营企业出现了，竞争产生了，但大多数人的眼界和思维都不够超前，很多人的审美能力也有限，这也是商品设计发展的限制。到了近几年，随着文化交流的增多，我们普通老百姓的眼界宽了，审美能力也提高了，对商品的要求也越来越高了。商品除了具有使用功能以外，还要美观，有特色，有设计美感的商品才受欢迎，才是好的商品。

但现在很多生产民间艺术品的公司，还在延续老的思路设计、生产产品，市面上很少出现有特色的民间艺术品，不论是与此相关的旅游产品，还是在百货商店买的高档民间艺术品，除了材料的优劣作为区别外，造型和设计都没有任何新意。

成立这个公司以后，我做了大量的市场考察工作，我觉得利用民间元素与其他产品相结合，设计与此相关的研发产品，既能被市场接受、需要，也能起到促进民间艺术发展的作用。我想可以先从哈氏风筝做起，这样可以让我们家传的艺术得到更大的推广，是保护，也是一种创新。

现在我们的生产思路有两种，第一是我们自己设计自己生产，第二是我们利用别人已经生产出来的产品，进行再设计，就是寻找适合我们设计的器物来做具有我们设计特点的产品。第一种生产方式，我们现在还很难达到，需要的资金投入太多。比如我想要设计生产10类产品，要是自己全部做下来，就等于要建10个加工厂。所以我们现在所做的设计都是按照第二条生产路线进行的，这种“借鸡下蛋”的方式既可以节省时间，又可以节省资金。

这几年我去了很多地方的加工厂看产品，在众多样品里面挑选适合我们设计的产品。我挑选的都是比较现代的器型，现代的外形加上中国民间元素的设计，是公司设计的主要思路。我们想要做出的产品，必须是现代的、时尚的、美观的，又带有中国文化气息。从公司成立开始就陆续设计了18类2000多种产品的图纸。这些图纸拿到现在来看，有些设计还不是很成熟，有些已经表现出我们想要的感觉了。我们现在继续完善商品的设计，今年会尝试生产第一批产品。现在，我的年龄和精力也许不能实现我想要达到的结果，但是能给周围想做同样事情的人一种启示和借鉴也是好的。做这样的尝试，有风险和挑战，也有机遇，不论成败，都算民间艺术发展的一个新思路。

从20个世纪80年代开始，到1993年我做第一个公司，再到2005年我和朋友合伙创建第二个公司，一路走下来，酸甜苦辣什么感受和经历都有，很辛苦。但我还要生存，还有想要做的事情，还要去实现我的梦想，所以不管多难、多累我都会继续走下去。

（五）送给风筝的掌声

哈氏风筝到了我这辈，赶上了好时候，改革开放以后国家和社会对民间艺术的重视程度越来越高，国际文化交流活动也越来越多。从1983年开始，我基本上每年都要到国外去交流，有时自己去，有时十几个人去。赶上活动特别集中的时候，一年得出国好几次。这种对外交流活动到现在一直没有停止过。我在中国香港、新加坡、荷兰和比利时都搞过哈氏风筝的专题展览。哈氏风筝延续了下来，影响力也比以前更大了，从这一点来说，我很欣慰，觉得自己对得起祖父和父亲。

1983年，我第一次出国，到美国参加为期一个多月的中国风筝展览。这次活动实际上分了好几个部分。应美国旧金山文化中心基金会和美国风筝协会的邀请，5月28日到6月20日我在美国旧金山主持了“中国风筝展览”；接着应西雅图市、美中友协和科学文化中心的邀请，6月21日到6月28日参加在西雅图举行的“中国风筝周”活动。当时天津的、潍坊的、南通的还有广东的风筝都去了，北京就我一个人参加。

美国方面非常重视这个活动，有大量的媒体来进行报道。我手头上有资料，参加报道的纸面媒体有：《时代》、《中国时报》、《中报》、《国际日报》、《星岛日报》、《太平洋周报》、《英文报》、《东西报》和《华语广播》。电视台有：电视2台、电视26台、电视4台、电视9台和电视5台。其中《国际日报》和《中国时报》是中国台湾地区的报纸。他们那时对祖国大陆的艺术家很好奇，提的问题很直接。比如《中国时报》的记者问我这次去美国有没有政治色彩。我说我这次来的目的是为了宣传中国的传统民间艺术风筝，是为了增进友谊，有没有政治色彩您可以自己推断。另外《星岛日报》的记者还问我是不是觉得留在美国，风筝艺术会有更好的发展。我就说中国风筝只能在自己的国家才能发展得更好，我还说我来了不到一个星期就想家了。说完我和那位记者就相视一笑。这些情节回忆起来很有意思。

美国旧金山的“中国风筝展览”是6月4日开幕的，来了100多位嘉宾。旧金山的领事和中华文化中心董事会的负责人都出席了。我带了20多件哈氏风筝，沙燕是第一次出现在美国人的眼前。开幕式结束后，我为很多专业人员讲课，主要讲风筝骨架的制作和绘画方法，并现场制作了一个沙燕。他们有的是设计飞机的工程师，有的是做建筑的。另外我还开了儿童班、青年班等5个班，除了要教他们制作风筝，还要带他们去放飞。

展览期间正赶上6月19日的国际风筝会，当时有20多个国家的艺术家参加。我在会上有3分钟的讲话，然后就进入表演阶段，由我来放飞沙燕就是其中一项。表演之前，我的两只手上都缠了创可贴，就是怕放风筝的时候把手拉了。可最后两只手还是都拉了口子，实际上是手和线摩擦拉出来的口子，不出血的。

表演前我按照父亲教我的方法，做了一个从来没做过的8尺大的“五鱼瘦燕”风筝。那年我才二十六七岁，胆子很大，但是这个风筝做得很细，每一步都按照父亲的要求，甚至比他要求的还精细。

1983年4月哈亦琦（后排右三）在美国旧金山风筝制作班与学员合影

我做这个风筝把握住最重要的四点，第一把骨架做平，第二掌握好“上中下”三个比例关系，第三备好背条[9]（因为当时风特别大，所以必须背条），最后是做好提线。拴提线还有个技巧，在风大的情况下，提线的角度小于90度，可以更好地控制风筝飞行。这四点做好了，我的风筝一下就飞起来了。

表演的那天风很大，我就将风筝匍匐放在地上，找了个当地风筝协会的小伙子，帮我拿着风筝的肩膀，风来的时候一掀风筝，就飞起来了，这个我们称为“掀肩膀”[10]。在当时，我们还采取了分段放飞的方法，我先放了50米的线，在我之后还有人牵50米的线，这样一段一段地就把这个风筝放起来了。观众很热情，到场的有5000多人，美国同行告诉我，这次参加活动的人数比往年翻了番。美国风筝协会还放了一只写着“欢迎哈大师访问旧金山”的风筝，让我非常感动。

1984年哈亦琦在美国国际风筝会上表演放飞“五鱼燕”风筝

在广场的上空飞起了带有“欢迎哈大师访问旧金山”标语的风筝

这次活动还评了奖，我也是颁奖嘉宾之一。就在大家以为所有的奖项都颁发完了的时候，评委突然在广播里说："我们现在要颁发特别奖。大家知道得此殊荣的是谁吗？"当时包括我在内所有在场的人都很惊讶。这时评委宣布："我们把国际风筝大会的特别奖送给来自中国北京的哈亦琦先生！"话音一落，掌声就响起来了，我真是又意外，又激动！

这是我第一次出国，很多细节和场景都让我终生难忘。那次去美国我较圆满地完成了国家交给我的任务，这也算是为哈氏风筝走出国门开了个好头。

第二次得奖是1998年，在荷兰国际风筝大会上[11]，当时对外友协组织我们参加荷兰海牙建市750周年纪念日。这个纪念日荷兰搞了很多活动，其中就包括国际风筝大会。我做了一条龙头蜈蚣，100米长，每个圆桄儿[12]上画了5只仙鹤，总共画了750只仙鹤：仙鹤是海牙市的市鸟。后来国际风筝大会也评奖了，三等奖给了英国人，二等奖给了荷兰人，一等奖给了咱们。那条龙头蜈蚣赠送给了海牙市政府，一直挂在市政厅。

1983年6月19日，在国际风筝大会上令哈亦琦惊喜的特别奖

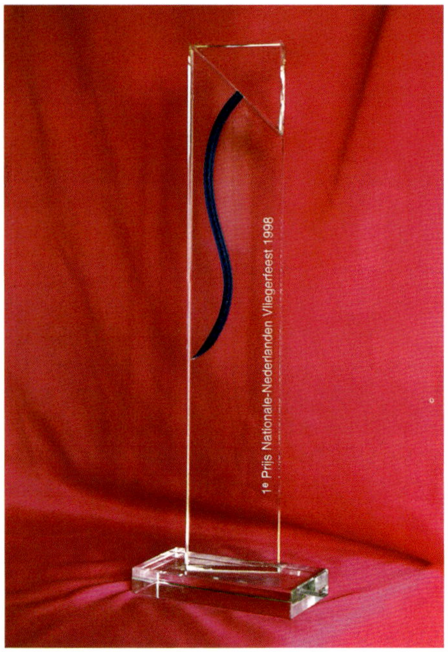

1998年荷兰海牙市，百米龙头蜈蚣获金奖

1986年我和我父亲合写了《中国哈氏风筝》[13]，然后搞了专题的哈氏风筝展览，第一次是在香港商务印书馆，第二次是在新加坡。

1994年我去了荷兰和比利时作巡回展览。[14]这些展览都是当地的市长亲自剪彩的。后来我还参加了一些联合展览，不光是哈氏风筝，还有我国其他地区的风筝，也都到克罗地亚、俄罗斯、希腊和德国等国家访问交流过。[15]

1986年12月，哈亦琦在新加坡中国风筝展览会上与王家园博士合影

1994年6月，比利时安特卫普市市长在安特卫普大学"哈氏风筝展览会"上致开幕词

2002年7月，英国桑德兰国际风筝大会上，桑德兰市市长（左三）及夫人（左二）接见各国风筝专家，照片中左四为哈亦琦

2003年3月，哈亦琦在希腊雅典市举办的中国风筝演放会上与雅典市市长古斯塔尼合影

通过这些展览，我不光把我们民族的艺术带向了全世界，也让世界其他国家的人民对我们中国有了更多的了解。对于我来说，每一次出国都是一次学习的机会，不光开阔了我的眼界，也给了我制作风筝和传承这项技艺更大的信心。

（六）风筝让我结交了许多朋友

在我出国交流期间，发生了很多有趣的事情，都和风筝有关。

1983年在美国展览时，很多观众都在我们的留言簿写下了自己的感受。有的说："我尊敬你的工作，最主要因为你是以一种让人很愉快的方式运用了你的天才。你肯定可以赚很多钱，但你选择了一种欣赏娱乐的方式。"

还有的这样写道："我们知道了中国是有这种智慧保留这些艺术形式的国家，而不像西方已经破坏了这些艺术品和艺术家，知道这些是很有助于我们的。"

有的写得非常朴实："你做得太好了！我们都好羡慕！很高兴能有机会来参观，谢谢！"

当时这些留言都是翻译人员译成中文后给我的，我一直保存着。我觉得这些留言不光是对我的一种肯定，也是对中国民间艺术的肯定。

通过风筝，我还结识了很多外国朋友，有的是一面之缘，有的却交往了一生。

1984年，我们去美国西雅图太平洋科学中心参加交流活动[16]，我的义务解说员是夫妻俩，年龄都50多岁，丈夫理查德先生是华盛顿大学的教授。他以前是军人，一句中国话都不会说，我们只能通过表情和手势来交流。他比较内向，不好张扬。表演中间我们经常交流，就是手舞足蹈的那种。我们很快就熟悉了，就像兄弟似的。他老请我去家里吃饭，他们家人也非常热情。他通过翻译告诉我，他和我在一起时觉得自己年轻了好多。他还请我坐他的小飞机，这些完全都是因为风筝。临走的时候他送给我一本相册，里面都是他为我拍的照片，20寸的就有十几张。从这里能看出他对我的感情，看出我们通过民间技艺的交往所产生的友谊。回国后我们每年圣诞节都要给对方发贺卡，他给我发的贺卡从来都是用手写，不用打字机，而且每个字母都写得非常工整，就怕我看不懂。

1984年8月，理查德夫妇与哈亦琦合影留念

到1998年的时候，我给理查德发了一张贺卡，但是他没有回，我很奇怪这次理查德没及时回信。后来到3月份的时候，他太太给我寄来一封很厚的信，说他当时接到我的贺卡时正因心脏病住院（所以没有回信），最近刚刚去世。她太太很感谢我这么长时间和他们的交往。我就给她回了一封信，还夹了100美元，我说请按照我们中国的习俗，替我买束鲜花放在他的墓地上……理查德去世已经有20多年了，我现在还经常会想起他。因为风筝我们走到一起，我想我们的这份友谊不会因为时间的流逝，或生命的消亡而消失。

1984年在美国西雅图市太平洋科学中心展览会上，哈亦琦与戴蒙和克莱尔的合影

说起理查德，就会想起我的一位小朋友戴蒙。当时给我们当义务讲解员的还有一位玛丽莲女士，我和他们一家也有着很深的友谊。她的小儿子叫戴蒙，每天都会跑来看我做风筝，非常认真，经常一看就是半天。而且他看的时候手还要跟着动，像是自己也在学着做。时间一长，我跟他就很熟了，他送我巧克力，我也会买饮料给他喝。他们请我上家里做客的时候，戴蒙专门带我参观了他的房间，里面放了很多的风筝。他跟我说："这些都没有你做得好，你的风筝太好了。"我们回国的时候，送行的人群当中没见到他们一家，我当时心里还挺失落的。

我回国大约一个月后，收到他们来的一封信，戴蒙的父亲格雷格先生专门请人翻译了一份中文附在里面。他们说：你走的那天我们因为堵车没能送上你，赶到机场时，你的飞机已经起飞了。小戴蒙特别遗憾，哭了很久，我们怎么安慰都没用。我们都很想念你，你送他的风筝他像宝贝一样珍藏着……现在小戴蒙也已经过了而立之年吧，我经常会想起那个在展览上认真看我做风筝的小男孩，不知道他现在还会不会记得我。

通过风筝这门技艺，我认识了很多朋友，能够和他们结下这份情谊，是永生难忘的。虽然有的朋友十几年或者20年不见面，可还是有联系，就说明你对他以诚相待，他对你也一定是这样的。我和外国朋友虽然语言不通，但我们靠着对彼此的诚意交往着。有时候他们问我：你有什么事要我帮忙吗？其实交朋友不一定就是为了让人帮忙，能拥有这份情谊就是最好的了。

本章小结

在重庆采访的过程中，哈晶漪女士谈起自己的父亲和五哥，几乎都用“钻研”和“用心”来形容父子两个对风筝的痴迷与专注，笔者日后采访哈亦琦时，也在他身上发现了哈氏家族遗传基因中固有的对待风筝的执著态度。

哈氏风筝已经有160多年的历史了，能够传承至今相信与哈氏几代人的坚持是分不开的。在采访哈亦琦的过程中，一方面能够体会到他对自己的家族艺术的骄傲，另一方面又能深刻地感受到他要把哈氏风筝传承下去的责任感！

哈亦琦是个做事很踏实的人，他力求自己做到最好，他的勤奋使他不断进步，直到今天他还保持着年轻时每天工作十四五个小时的习惯。在和哈亦琦接触的过程中，笔者在他的身上感受到了一种强烈的使命感，正是这种使命感促使哈亦琦对待工作更精益求精，也促使他把目光放得更远。他说他除了要把风筝做好，还希望能凭借自己有限的能力为社会、国家和民间艺术多做一点事。

注释

[1] 前中央美院院长，著名画家。

[2] 1983年5—6月，哈亦琦应美国旧金山文化中心基金会和美国风筝协会的邀请，在美国旧金山主持了“中国风筝展览”及在西雅图举行的“中国周”等活动。

[3] 平时在友谊商店零售，同时也参加展览，承接订单。

[4] 20世纪80年代初，北京市有很多高中生没有考上大学，面临就业问题。当时的政策鼓励所有的企业要努力创造就业机会。北京风筝艺术品公司也在协会以及合作单位内部，招收了很多待业青年做学徒。

[5] 马晋（1900—1970），北京画坛传统派里融和中西的画马名家，20世纪50年代以画风筝名动京华。其风筝造型规整、图案活泼、精致细腻，不但适合放飞，作陈设品也十分合适。他的风筝以瘦沙燕、蝙蝠、美猴王、仙鹤和仙女等最富特色。

[6] 前面肚子低后面肚子高，腰很细，跟掐腰似的，叫马蜂肚。

[7] 1980年8月18日，邓小平在中共中央政治局扩大会议上作了题为《党和国家领导制度的改革》的讲话，提出要进行党和国家领导制度的改革。其中提出“要建立退休制度，干部队伍要在坚持社会主义道路和党的领导的前提下，年轻化、知识化、专业化”。

[8] 回民祭拜故人，除清明节外，任何时间都可以祭拜。

[9] 详见第四章。

[10] 风筝在风大时人可以原地放飞，风小的情况下可以通过助跑的方法来放飞。

[11] 1998年5月哈亦琦应邀参加了在荷兰海牙市举办的“国际风筝大会”。“百米龙头蜈蚣”风筝获荷兰海牙市国际风筝大会第一名。

[12] 桄儿是指每一个蜈蚣圆片，一般形状可分圆桄儿和半桄儿两种。

[13] 1986年5月哈亦琦与父亲哈魁明合著《中国哈氏风筝》一书在香港商务印书馆出版发行；1990年3月该书英文版在美国旧金山书局出版发行；1992年该书日文版在日本正式发行。

[14] 1994年6—7月哈亦琦应荷兰和比利时两国政府的邀请，在荷兰的阿姆斯特丹市、鹿特丹市及比利时安特卫普大学举办“哈氏风筝巡回展览”及讲学交流活动。

[15] 1995年7—8月哈亦琦应克罗地亚政府的邀请，在萨格勒布市科技馆主持举办了“哈氏风筝展览”及讲学活动。2001年6月参加了由北京市政府在俄罗斯莫斯科市举行的“中国文化节”的风筝展览及表演交流活动，并特制两只哈氏风筝“鸳鸯燕风筝”和“蝴蝶风筝”，由贾庆林市长和张茅副市长作为国家礼品送给莫斯科市长卢日科夫和副市长尚采夫。2000年至2004年4次应邀参加了在英国桑德兰市和博得佛特市举办的“国际风筝大会”及交流活动，并分别受到该市市长的接见。2003年3月应希腊雅典市政府的邀请，参加了在希腊雅典市举行的“中国风筝展览”及表演交流活动。“凤蝶风筝”被雅典市古斯塔尼市长收藏。2004年10月参加了在德国法兰克福市和海德堡市举办的“中国文化周”展览及交流活动。

[16] 1984年3月哈亦琦参加了在美国西雅图太平洋科学中心举行的“中国传统技术展览”交流活动。

第三章

哈氏风筝的六艺

本章综述

采访地点：北京西直门外哈亦琦住处
受 访 人：哈亦琦
采 访 人：任晓姝

在本章中，哈亦琦分别为我们讲述了风筝的“六艺”：扎、糊、绘、放、风、线。“扎、糊、绘”是风筝的制作技艺，制作风筝，对材料的选择非常讲究，选择合适的材料能使制作风筝达到事半功倍的效果。哈亦琦通过制作代表作品牡丹蝶风筝，将制作风筝的“扎、糊、绘”三个过程展现出来，再将风和线的知识结合风筝的具体放飞一一介绍给我们。说到风与线，早在第三代哈魁明时就有所体会，哈亦琦在此基础上总结、完善了先人的经验。

哈氏风筝很多专有的词汇都是几代人在日常的劳作中创造的，简明又形象，这些词汇本身就是哈氏风筝的一个特色。

在制作牡丹蝶风筝时，技术纯熟的哈亦琦仍然一丝不苟，精益求精。竹条、纸张等材质在他手中仿佛有了灵性一般，乖巧驯服。观看他制作风筝，可以称得上是一种视觉享受。

本章“代表作品牡丹蝶的制作过程”部分，所有的图像资料都为内蒙古商贸学院艺术设计系教师俞高峰所摄。

一、哈氏风筝的材料与工具

（一）制作材料

◆ 1．骨架制作材料

竹料

哈氏风筝选用的材料主要是南方的毛竹，毛竹就是我们老百姓俗称的竹竿，也叫竹筒子。经常用的还有不同年份的箭竹（大约4—7毫米的圆竹子）、竹竿、芦苇和已经加工成半成品的竹篾子、芦苇做的插管，等等。做风筝选用的竹子，强调砍伐后搁置的年份，是为了风筝能够平稳地放飞。那些刚刚砍伐的竹子中含有大量的水分，如果用这种竹子扎制风筝，在放飞时风筝会因骨架各个部位受风情况不同，造成水分挥发不均匀，导致骨架变形。而砍伐后放置过的竹子，经过长时间的自然风干，竹子内的水分得到挥发，通常不易受风变形。即使是这些放置过的竹子仍会出现受潮或水分挥发不完全的情况，为了防止这种情况出现，我们扎制完风筝骨架后不会马上进行粘糊，而是放在作坊里自然风干，等到有买家时或者放置一定时间后，才进行糊制、绘画等步骤。

过去祖父和父亲都是去花市购买材料的，祖父在春天闲暇的时间带着父亲他们去买竹子。那时候竹子都是通过运河运进北京的，从南方过来的粮食就在朝阳门那儿卸货进入北京城，竹子也是在那儿卸货。那些颜色特别绿的、当年的竹子都不能用。这些运来的竹子用途很多，比如城市里通下水管道、附近农村架秧苗、施工建筑都要用到竹子,包括一些小手工艺也要用到，比如做笼屉啊、编竹筐啊、做风筝啊，等等。

后来卖竹子的地方就搬到珠市口了。珠市口是北京专门买土特产的市场，那里也有卖竹子的，种类很多，有竹板子、竹筒、竹篾子和竹竿。在20世纪90年代以前，北京的土产商店还有卖竹篾子的，但现在已经很少见到了。

到了我这一代，很少去大量买竹子了。以前我需要材料都是跟着公司一起买，现在我买材料，偶尔会去珠市口，有的时候去加工厂时会从沿路的农村买些竹子，还有就是朋友从南方直接给我带过来一些。因为我现在小风筝做得比较多，竹子也相对用得少了。现在我连装水果的竹筐都拿来用，但是还是要经过严格挑选的。我用的竹子最薄也要两毫米以上。

买竹子是要挑选的。第一要选择干燥的竹子，第二要选择竹节长的竹子，选择竹节长的竹子在做风筝的时候局限性就小，要是竹节短的话，做大风筝就用不了了。第三要选一些不同薄厚的竹子，比如我们要做尺寸大一些的沙燕，就要用厚一点儿的竹子；要是做三四尺的蜻蜓、蝴蝶，就可以选薄一点儿的。第四要选竹面没有伤痕的竹子，尤其是不能有横断面的伤痕。如果是竖条的刮伤还可以在劈竹子的时候避开，要是横面的就不行了。因为竹子在加工时要削得很细、很薄，还要绑扎，有伤的竹子吃不住劲，扎制的时候一绷线就坏了，更别提飞行了。

不同大小的风筝用不同的竹子，风筝的不同位置用料也不一样。比如做大沙燕的膀条时，我一般选用3年或5年以上的毛竹来做（不论什么种类的风筝，都应选用二三年以上的竹子来做膀条)。毛竹的硬度是一般木材的两倍，能够抗大风，3到5年的毛竹颜色有些发黄，里面的水分基本都挥发了，这时竹子有一定的油性，也很有弹性。因为风筝在飞行过程中，膀条部分是风筝的主要受力部位，毛竹的强度和较强的柔韧性，能够使膀条起到很好的支撑作用。我们用比较嫩的竹子扎制的风筝，都会搁在墙角放一段时间，不能马上粘糊。

以前做中型风筝的膀条时会使用竹篾子。竹篾子有4米多长，大约1厘米半宽，薄厚在4毫米左右，可以存放很长时间。买回竹篾子后，都要先截成一米五左右的长度，除了比较好存放，还方便使用。现在我再做中型风筝的膀条直接用粗竹子了。

做沙燕的腿部、头部这些部分时我多用砍伐后放置两年以上的毛竹或箭竹，箭竹没有毛竹粗壮，但更易于加工。比如一般4尺的硬翅沙燕用竹条做腿子，风筝5尺以上的要用箭竹做腿子，6尺以上的用竹竿做腿子。风筝大了以后，风筝腿子的跨度也大了，竹条就会有弯度，风筝就会变形。竹竿和箭竹因为是圆形的，本身有张力，不会变形又利于飞行。

再比如5尺以上的硬拍子的中心棍要用1厘米粗细的竹竿，把粗的一边放在上面，细的搁下面。因为硬拍子风筝的上面和中间部位受风的力量最大，下面要弱一些。斜戗要用箭竹。四周是4毫米宽的竹子，剩下的空隙要布满苇子。苇子薄、轻，不加重风筝重量，作用就是保证拍子的平整。

说到苇子，历史上有直接用苇子做屁帘儿风筝的，我们北京话叫“细米儿”（音）。这种风筝在我小的时候还见过，那时每年庙会都有专门制作、销售“细米儿”风筝的，主要是给小孩子玩。它的制作方法很简单，骨架就是用苇子劈成片做的，然后用厚一点儿的灯笼纸糊一下就行了。细米儿体积很小，小孩拉着一跑就能飞起来。

◆ **2．粘糊材料**

糊制风筝过去都用纸来做，绢做的风筝大部分是在唐朝以后才出现。像我们以前用的油杉纸也好，高丽纸也好，它体轻又不透风，像绢它是有经纬的，有缝隙透风，会卸掉一部分的风。我以沙燕为例吧，一尺以下的风筝用不同的纸做；1尺以上的风筝我都用洋纺（薄丝绸）做；到了2尺以上的我就用绢了，有的也会用洋纺做；4尺以上的，我就做两层的了，一层洋纺一层薄棉纸；到了6尺以上的风筝，就要用一层绢一层薄棉纸，或者是一层绢一层厚宣纸；再大一些的风筝，我用的是一层豆包布一层纸，布起到筋骨的作用，加大了纸的强度。以前我父亲没用这种方法，就是用过去那种厚纸做。现在那种厚纸已经没有了。如果风筝再大些，相应把面料加厚就可以了。

（1）糊制风筝用的纸有：

①油杉纸，是好儿层粘在一起的，每一层都可以揭开。油杉纸是父亲告诉我的，我没见过。我理解就是厚的高丽纸。

我家最初只制作适应大风天气放飞的大型风筝，做这些大风筝都要用到油杉纸。油杉纸可撕揭，一般一张油杉纸可以揭为三层，在制作中型风筝时，用一层或两层纸就行了。我们在做大沙燕时，基本上要用三层的油杉纸作面料，因为油杉纸抗拉伸、不易变形，能保证风筝纸面在强风天气下放飞所需要具备的强韧度和抗变形能力。

②高丽纸，高丽纸是古代高丽（今朝鲜）在学习中国的造纸技术后开发出的纸张品种，这种纸比较有韧性又便于绘画，过去一直是我家制作风筝的首选材料，但这种纸的品种很少。

③棉纸，南方叫桃花纸，原先擦镜头也用这种纸。我在做小风筝和微型风筝的时候经常用棉纸粘糊。这种纸较轻薄、柔软。

④宣纸，做小风筝都是用生宣纸来粘糊风筝，生宣也叫皮纸。

熟宣只在做1—2尺的风筝时才会使用。因熟宣纸轻,不易吸水，硬度差，不能抵抗强风，所以不能用于大型的风筝。我还用过蝉翼宣做风筝。蝉翼宣是熟宣纸，但比普通的熟宣纸薄。

2005年我去英国前，做了两个一尺大小的风筝。一个用棉纸粘糊的，另一个我用的是蝉翼宣。做好了以后，我在放飞时发现蝉翼宣做的风筝，飞行的效果比棉纸的要好很多。因为棉纸要比蝉翼宣透风，用蝉翼宣承受风的力度更大，这是我在制作和实验过程中偶然发现的。一开始我做小风筝只是考虑它的重量，并没有考虑到纸张密度的问题，在这种偶然的情况下，发现不透风又轻薄的纸是小风筝的最佳选择。

后来我用蝉翼宣做的这个风筝就留在英国桑德兰市的一个私人博物馆了。我说这个事情的意思就是，材料对于风筝的飞行非常重要。

⑤灯笼纸，很薄很脆的纸，现在北京已经没有卖的了。我小的时候看见过用灯笼纸做屁帘儿风筝的。

（2）丝绸

①绢，除了纸张以外，绢是制作风筝经常选用的一种面料，用绢制作的风筝绘画工细，能够表现出纸张所达不到的精细程度。做风筝用的都是矾绢，虽然矾过之后绢会变脆，自然风化得特别厉害，但必须要

用矾过的绢来制作风筝。原因有两点，第一是矾过的绢，才能画上颜色，第二是为了放飞的需要。没矾过的绢完全是软的，又透风，即使制成风筝也无法放飞，或者飞得不好。20世纪70年代末的时候，天津卖过一批风筝，很便宜，就是用没矾过的丝绸印刷的，结果是这些风筝都不能飞。

用矾过的绢画图案前，要先把绢熨平了。因为绢很容易起皱，在制作前需要熨烫平整，如果热度大了可能在当时看不出来，但一两个星期后绢面就会变黄，放置一个月左右，一碰就坏。我现在在做绢的风筝时，能少熨尽量少熨，因为熨一次就损坏一次。

用绢做的风筝，个人很难保存长久，稍微不小心碰到绢面就会破碎。相比较而言，纸做的风筝比绢做的风筝保存时间长。我接触过的绢做的风筝，保存30年左右就会破损。我祖父在美国博物馆的那几件风筝都是油杉纸做的，而且是没有胶矾过的生纸，所以能够保存时间久。不知道为什么现在的绢的材料没有以前的好，我父亲1951年用绢做的风筝，保存得还很好。

②洋纺，比绢薄，质地密度较大，受风能力强。洋纺经纬之间的缝隙虽然小，但用来粘糊风筝时仍然需要胶矾。洋纺有薄厚之分，一般做3尺以下、1尺以上的风筝都会用到洋纺。我也见过用没有矾过的薄洋纺做微型风筝（软拍子和软翅蝴蝶）的。与绢相比，在洋纺上画图案颜色比较艳丽。

（3）布

最早我使用过豆包布做风筝。在20世纪70年代以前，北京人就用这种布当窗纱，它空隙大，透风，和现在的纱布很像。我们就叫这种布为豆包布。1981年我做了个一丈五的大花篮，前面用了一层厚的熟宣纸，用来画图案；熟宣纸后面托裱了一层豆包布，这层豆包布起到筋骨的作用。

在1983年时，我也用过无纺布和棉布做风筝，这些材料比较现代。无纺布的优势是保存时间长，缺点是画完颜色以后容易脱落。硬翅的风筝还好些，软翅风筝的颜色都会脱落。再有一点是有些颜色画不上去，比如红色和绿色，画上以后都发灰。因为无纺布是化纤的，着色程度差，不容易达到理想的色彩效果。

（4）化纤与塑料

1982年的时候，我在风筝公司就开始用塑料来做风筝了。当时采用的是塑料印刷，有小燕子、小鸟图案的，5角5分钱一个，3个月定出了35万件呢。当时我们工厂成立了一个研究小组，专门做各种印刷实验，比较成功的就是在塑料上印制图案。

化纤材料尼龙绸可以做风筝，在尼龙绸上可以直接印刷图案，也可以经过乳胶加固以后再画画面。国外经常用经过热压处理后的涂层尼龙绸做风筝，这种尼龙绸弹性不是很大。

◆ 3．扎制材料

我们绑扎风筝骨架经常用到纸绳、纸捻或麻线绳。过去风筝骨架衔接的地方用麻来系牢，因为“麻能入骨”。中型风筝有的用纸条来粘骨架，也有用纸捻的。现在这些材料我很少用了，在绑接骨架时我都用棉线来连接。现在的线含有化纤和棉的成分，非常结实。

（1）纸绳、纸捻

纸绳、纸捻用于绑扎中小型风筝。

（2）麻绳

大型的瘦沙燕风筝一概用麻线捆扎。麻线结实不易断裂，伸展度又相对于纸绳等材料小，捆扎出来的骨架不会出现错位、滑脱等情况，还能保证骨架的牢固度。

（3）莲绳

扎制线料

莲绳是加在风筝后面的尾巴，北京人习惯称为“莲绳”。莲绳可以用麻绳做，也可以用灯笼纸做，比如龙头蜈蚣两边加的穗儿。

麻绳做的莲绳，一般5毫米粗细，比普通的麻绳细很多。莲绳的特点是轻、飘。硬拍子风筝必须加尾巴，因为硬拍子是一个平面，没有任何弧度，这个莲绳就像风筝的舵一样，起到平衡的作用。没有莲绳的硬拍子是绝对飞不起来的。我们根据风速的大小，加减莲绳。风大了就加莲绳，风小了再适量减去。软拍子可加莲绳，也可以不加。因为软拍子一般会用绳勒出一个弧度来，或者风筝边缘的竹子被有意削得很薄，在飞行中风筝受到风的压力，自动弯成一定的弧度。有些造型的软拍子风筝可不带尾巴。

◆ **4．其他**

在制作风筝的装饰部位时，会用到很多其他材料，比如做风筝活眼的竹瓤、白板纸、高粱纸等，还有些装饰部位也会用到金属丝。

（二）工具

1.扎糊工具：电工刀、小刀片、雕刻刀、竖刀（20世纪60年代后才出现的）、锉刀、锯条、刨子、单手刨子、尖嘴钳子、偏嘴钳子、剪子、锥子、镊子、尺子、钢针、砂纸、胶水等

2.烤制工具：酒精灯、蜡烛、电炉子、窝头火等。窝头火是我们家自制的烤风筝骨架的工具，就是在火炉上用泥巴做个窝窝状，顶上留出一个洞，火苗刚好从洞口穿出来，这时火的热度比较集中，火苗又小，方便烤制风筝。

3.绘画工具：品色（透明水色）、国画颜料、广告色、毛笔、各种秃笔（哈家自制毛笔）、板刷、调色盘等。

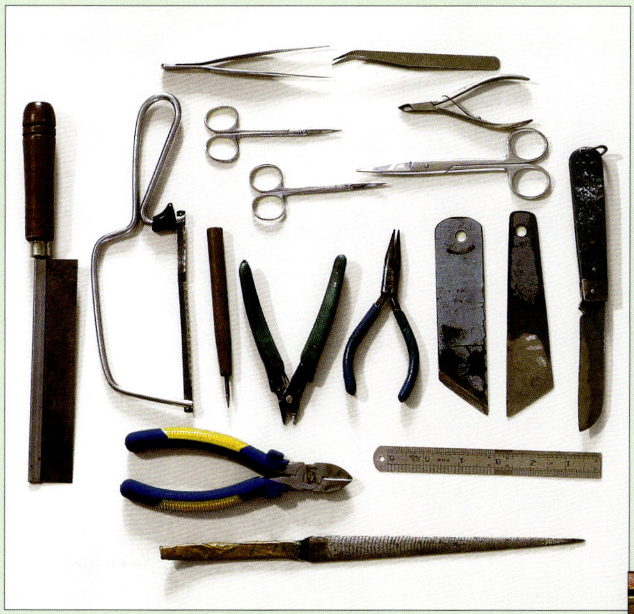

工 具

哈魁明用过的装品色的颜料箱

哈氏特制的各种秃笔

绘画工具

二、代表作品牡丹蝶的制作过程

（一）扎制过程

做风筝讲究扎、糊、绘、放，“扎”放在第一位，说明了它在风筝制作中的重要性。“扎”是个统称，里面包含了很多工序，比如前期挑选材料，加工材料，像烤竹子、劈竹子、削竹子这些步骤，最后才开始扎风筝。

我一会儿就要制作一只硬翅米字架牡丹蝶风筝。风筝的扎、糊、绘、放，我觉得都是为了能够放飞而展开的。我认为风筝应该是七分骨架三分绘画，画面是附属于骨架的。如果一个风筝不能飞，画得再好也是不成功的。所以接下来将要开始的扎制骨架的过程，是整个制作过程中最为重要的。

◆ 1．选材料

做风筝前，我们先选择合适的竹子，不要用竹面有划痕的。如果选择的竹子有竹节，就要用锉刀把竹面和竹里的凸起锉平，我们称为锉削（术语）。在锉竹子的时候，要注意控制力量，既要锉平竹子，又不能伤到竹面，我们叫不伤筋骨（术语）。

≫ 锉削竹里

≫ 锉削竹面

劈竹子

拉 削

劈开竹子，去掉多余的竹瓤

选择好合适的竹子后，要把竹子加工成我们制作风筝所需要的、尺寸合适的竹条。我们可以通过劈、削的方法来制作骨架。

◆ 2．做膀条

（1）做风筝先做膀条。我现在做的是7寸大小的硬翅米字架蝴蝶风筝，那么膀条的长度就是7寸，大约是23厘米；宽度在0.8毫米到1毫米之间；厚度大概0.6毫米。我先要劈竹子，在劈竹子的时候手要用力捏住竹子，防止伤到手。劈开竹子时用刀背左右施力，控制刀的走向，防止把竹子劈歪。把竹子先竖着劈开，之后再在竹子的立面进行劈砍，把多余的竹瓤劈掉。有时候我们也采用刨荒（术语）的方法，就是用刨子把竹子上多余的竹瓤去掉。

在劈竹子的时候，要多预留一些厚度，用于竹条的细加工，我们称留荒。比如我需要1毫米的厚度，那我可能会留1.3毫米左右，留出我削竹子的份儿。有时候我也会用拉削的方法，削出我需要的厚度。拉削是在削竹子的时候，刀不动，抽动竹子。拉削时，抽竹子的力量和刀的力量是不同的，比如我需要削出薄的地方时，刀向下压的力量就要加大，力度小时竹子也相应变厚，就是用刀的力度来控制竹子的薄厚。

另外，在做大风筝的时候会使用刀来砍削大竹子，粗略地砍削出需要的厚度和宽度，我们也称“砍荒”。做大风筝的时候还需要使用刨子来削竹子，叫糙削。刨到一定厚度的时候才用刀来继续削竹子。

（2）竹子初步削完之后，要确定风筝膀条的长度。用尺子测量，在7寸的地方用铅笔做一个标记，然后把竹条长出的部分剪掉。

砍削竹里

量膀条的长度

用钳子剪掉多余的竹子

竖着砍削

推削

测试膀条的柔韧度

把削好的竹子一劈两份

我经常使用的是一把70年代末买的铁卷尺，它的优势是一面带有市尺市寸的刻度，一面带有厘米的计量刻度。以前做风筝用的都是尺和寸，在80年代以前我们用的尺、寸是指英尺、英寸（1英寸等于2.45厘米），在1980年改为市尺、市寸（1市寸等于3.33厘米）。我们现在做的风筝都是按照市尺、市寸来计算的，所以尺寸都要比以前的大一些。

（3）量好尺寸以后，要继续加工膀条的竹子。因为小风筝的膀条很细，所以我采用推削的办法，用竖刀来削竹瓤。推削主要靠推刀子来削出需要的厚度。这种方法要比拉削好控制力量，在处理这些细的竹条，或者大风筝的装饰部位的时候都要用这种方法。膀条要削成中间厚，两边薄，两边的薄厚要尽量做到对称。

削得差不多的时候，就要用手压一下竹子看看柔韧度。这是一种检验膀条柔韧程度的方法，有经验的人，一按竹条就能感觉出竹子削得是否合适。

（4）膀条削好以后，就可以用刀一分为二了。一般我们做膀条或者对称的造型部位，都是削一根竹子，然后一劈两份的。这样既省时、省力，又能减少误差。分开小风筝的膀条时，要用小刀片劈分竹条。因为小刀片很薄，可以把竹条分得很细。

（5）上下膀条分好以后，还要分别进行精加工，这时就要用到刮削。刮削也叫精削，刮削很形象，名字就是根据用竖刀一点一点地刮竹子这个动作来的。它要比推削更有把握控制竹子的薄厚，这种方法只有在做小风筝和微型风筝的时候才使用。

我们先把上膀条做好，在刮削调整竹子厚度的时候，随时看看它的强度和柔韧度是不是已经达到标准了，如果竹子两边的弯度不一样，那就证明两边的强度不一样，就要继续刮削。我用手一按竹子，就知道竹子的强度合不合适，这个全靠多年积累的经验。

（6）上膀条做完了就开始做下膀条，下膀条也要反复地刮削，两边薄中间厚。在处理下膀条的厚度时，一定要比上膀条薄。这种硬翅蝴蝶风筝如果上膀条的强度是10分的话，那我的下膀条强度就在6分左右，这样才能飞行得好。

（7）上、下膀条做好了以后要烤一下，我们叫过一下火。烤有两个目的，第一个是烤直，第二个是去汗（术语），就是把多余的水分去掉。烤膀条的竹子时，我使用酒精灯，竹子要离火苗1厘米左右的距离，这一处火苗的热度最高，还不容易把竹子熏黑了。

做小风筝用酒精灯和蜡烛来烤造型就可以了，在做大风筝的时候，就需要热度更高的烤型工具。我使用过火炉子（北京冬季常用的取暖器）、窝头火、电炉子和焊枪做大风筝。以前没有酒精灯，烤小风筝用煤油灯，它很容易把竹子烤黑。现在很多方法都在使用，包括用烟头烤小风筝的造型，没有绝对固定的烤型工具，只要适合风筝制作、能达到造型目的就可以使用。

刮削

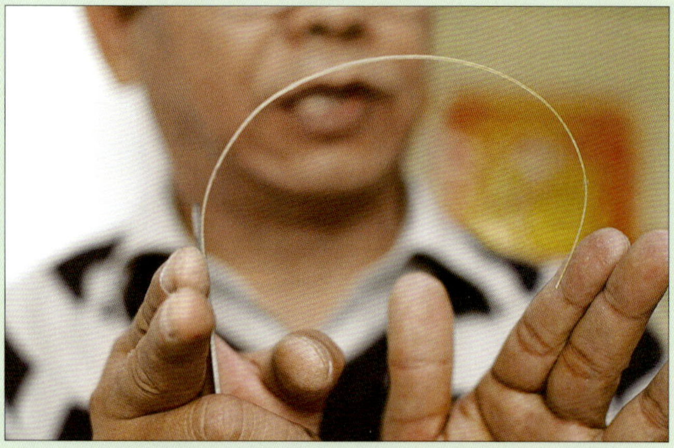

测试膀条两边的强度

烤膀条的竹子

（8）上、下膀条烤过了以后，再测量好两根膀条的中心点，标上记号，还要标出与须子连接的两个点。两个点各距离中心点5毫米左右。

◆ 3．中心棍

蝴蝶的上、下膀条做完了以后，要做风筝的中心棍。中心棍是上粗下细的，最厚地方的厚度要大于上膀条的厚度，因为中心棍是整个风筝受风力最大的地方，所以要求它的强度要最大。中心棍削好以后要过一下火，烤直。之后要标好绑扎上、下膀条的记号和中心点。

≫ 烤中心棍

◆ 4．带须子造型的斜戗

须子和斜戗是一体的，两根斜戗和中心棍组成米字型骨架。这一部位的竹子强度要比中心棍小，它是起到支撑作用的。我们在做斜戗时，也要用推削、刮削。

（1）找一根稍微嫩一些的竹子做斜戗，先用刀子劈出适合的宽度和厚度，再使用推削的方法把竹子削薄。厚度不能大于中心棍。之所以用嫩竹子是因为斜戗的一端是要做造型的，太老的竹子容易烤坏。

≫ 用钳子作为辅助工具弯造型

（2）做须子的部位一定要削得很薄，因为须子起的是装饰作用，如果太厚，加大头部的重量，不利于飞行。在比较薄的部位可以用刮削来控制力量，能避免一下把竹子削断。

须子部分和斜戗都初步削好了以后，我们就要烤造型了。须子需要造型的部位，我们称作“眼”，是一个很好看的椭圆形。小型风筝和微型风筝在烤造型的时候，必须用蜡烛，而且火苗还不能太大。不用酒精灯是因为造型部位的竹子又薄又细，火力太大一下就把竹子烤坏了。

我用蜡烛烤制小风筝和微型风筝的某些造型时，只用一根烛芯——烛芯都是三根拧在一起的——燃烧的热量来做我需要的造型，最关键是热量的把握。用一根烛芯来烤的时候，手要快，因为一根烛芯很容易熄灭。

（3）烤须子的“眼”时要注意竹子和火苗的距离，不能离得太近了。还要随时注意火苗，如果火苗大了就要剪短烛芯再烤。想要烤出椭圆形，需要一边烤，一边用力弯曲竹子，我们可以用钳子做辅助工具。

我们做须眼的椭圆形，不能只烤一个圆，还要留出与须子绑扎的部分。烤这个部分就要反烤了（术语），就是烤竹面。反烤很难，选竹子不能选太老的。同样竹子太薄或太厚都容易烤折，所以反烤的时候要很小心。

还有就是在做好造型以后，如果不能马上绑扎就不要劈开分为两份，否则时间一长竹子要回性的（术语）。没劈开，我们调整变形的形状还容易些。如果劈开了，很难再调整到对称的效果。这一点我们很忌讳的。

（4）烤完须子的造型后，还要烤斜戗。斜戗也是有一定的弯度，可以根据图纸或者同尺寸的标准骨架烤出相同的弯度。全部烤完以后，要做好标记，比如须子的长度和连接下膀条需要的长度。其中最重要的一点是与中心棍的中心点相连接的，这处是最重要的，不能马虎。

（5）然后还要使用推削、刮削的方法，精细加工斜戗，削出合适的厚度，使整个竹条的粗细相等。最后我们可以把烤好的竹子劈开，一分为二，就得到两个须子了。

用反烤的办法烤出须子造型

根据标准骨架，在做好的斜立棍上标注尺寸

一分为二的两根须子

丝线

线套

每绕一圈都要把线按牢

（6）须子做好以后就要马上绑扎，绑小风筝我都用丝线。丝线就是绢劈出来的绢丝，这绢丝别看它细，但做1尺以下的小型和微型风筝我都用它，它的强度是够的，而且绑扎完了以后看上去也很美观、秀气。我们做大风筝可以用麻、棉线和棉绳绑扎。

（7）我们在绑扎的时候都会习惯性地把线折成一个套，然后把线套直接套在要绑扎的地方。在绑的时候是有技巧的，线每绕一圈都要用手按牢固，这样才能绑得结实牢固，这是我们绑扎风筝的一个技巧和特点。我跟父亲学的时候，他就是这么教我的，要是不按住，线就容易还扣（术语），很容易脱落，或者绑扎不牢。

绑扎骨架还有一个要点，就是绑扎的时候，所有的线都要从后往前绕。这是因为往前绕线，会有一股向前的力量，使竹子从前面看起来更平整。如果线是向后绕的，那么骨架就会向后倾斜，既不美观，也不利于放飞。

（8）绑好以后，就可以点胶了。我用的胶就是乳白胶，用一支干净的毛笔粘上胶点在绢丝缠好的部位。因为绢丝很细，我们可以直接把绢丝扯断，再补一点胶，用手一抿，就粘好了。利用绢丝扯断后剩下的绒毛纤维，胶和绢丝就会粘得非常牢固。使用相同的方法，两根蝴蝶须子就扎完了。

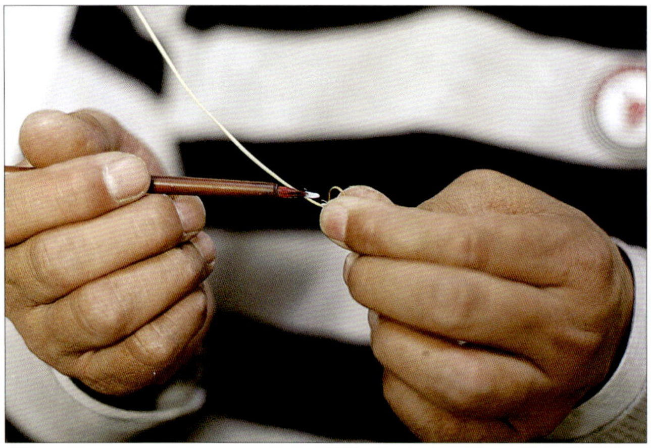
点胶

绑扎好的两根胡须

◆ 5. 扎翅膀

（1）我们哈氏做风筝是先扎翅膀，之后再做其他的部分。扎这件小风筝翅膀，我使用插接的方法，做大风筝的时候很少用这种方法，一般直接从中心棍的后面绑扎上就可以。

插接就是在中心棍的侧面用刀刻出一个口子，然后把上、下膀条插进中心棍里再绑扎。我们可以根据开始在中心棍标出的记号，分别刻出上、下膀条的刀口。刻中心棍要在它侧面的中心部位下刀，如果刻开的竹子两边不一样厚，整个翅膀容易拧劲儿，不平整。

用刀在中心棍的侧面刻出口子

穿膀条

（2）中心棍的两个口子刻好后，就可以穿膀条了。我先用针穿过刀口，把竹子撑开，再把膀条穿过去。这样做可以避免膀条在穿插时受到损坏。膀条穿过中心棍以后，按照上膀条画好的中心标记和中心棍重合，然后用绢丝开始绑扎，点胶粘好。下膀条和上膀条的做法一样。

（3）插好两根膀条以后要接着绑扎两根斜戗。斜戗上的记号与上、下膀条上的记号要重合，用绢丝来绑扎，因为竹子与竹子之间的距离太小了，我就要用镊子代替手来绑扎。用镊子时也要像用手在绑扎一样，每一圈都要按住，然后点胶。两根斜戗和上、下膀条绑扎好了以后，还要把它们和中心棍连接上。

使膀条的中心点和中心棍重合

绑扎上膀条

绑扎下膀条

用镊子绑扎斜戗

连接斜戗与中心棍

（4）上、下膀条和斜戗都和中心棍连接好了，要先用尺子量一下两边翅膀之间的上下距离是否相等。然后调整一下，尽量缩小误差。调整好了，用502胶水在绑扎处加以固定。一般来说，乳胶粘在竹子上至少要放4个小时才能继续制作，点上502胶水起到加固的作用，定型又快，节省时间。点好502胶水，就可以勒膀兜了。

（5）勒膀兜（术语），这次我用的是细棉线，平时也可以用丝线来扎。也是先把棉线折一个线套，把上、下膀条顶端的竹子相互重叠，绑扎好。上膀条在外，下膀条在里，我们也称“天盖地”。上、下膀条相互交叉的地方的角度要在90度到110度之间，膀尖[2]绑好以后，剩余的线要系在中心棍上。我们勒完膀兜以后，膀尖要达到既“不能张，也不能奢”的标准。“张”是膀尖向外，“奢”是膀尖向里。就是说我们扎好膀兜以后，把风筝拿起来，从正面看膀兜与中心棍基本是平行的。

测量翅膀两边的距离

膀条扎好了

扎膀兜

测量膀尖到斜戗之间的距离

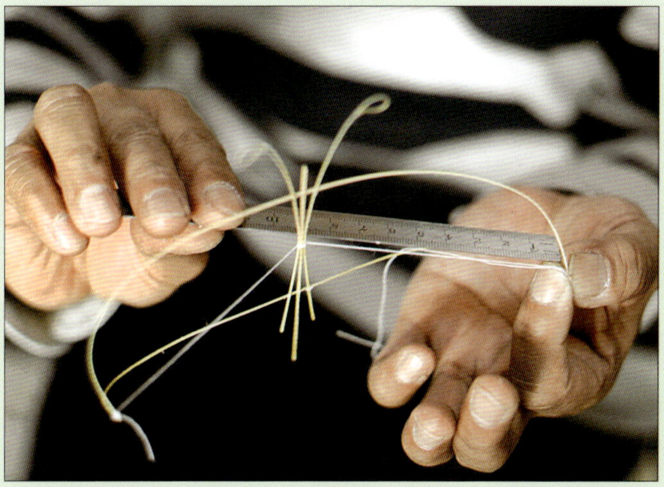

测量两翅距离

绑扎另一侧膀条

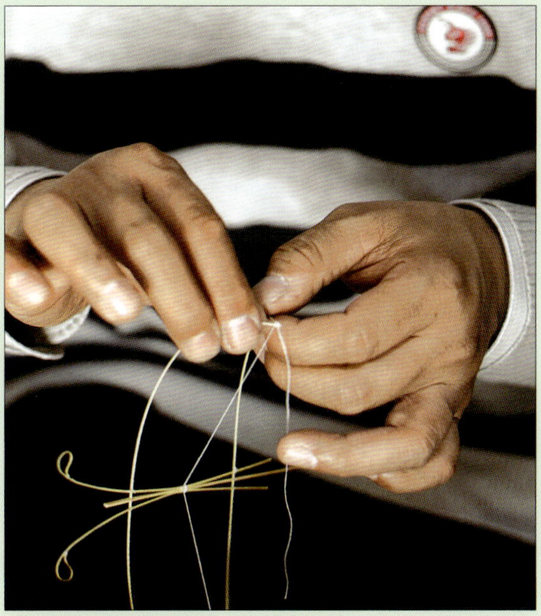

调整两翅间的距离

绑扎好的风筝翅膀"既不张，也不奢"

（6）做好一边的膀兜以后，要测量一下膀尖到斜戗之间的距离，大约是9.05厘米。另外一边的膀兜与斜戗的距离要与它相等。在扎另一侧的膀兜时，把膀尖与斜戗之间的距离留得稍微小一点儿，因为线是有弹性的，小一点儿我们可以松一松线，距离就出来了。

（7）两个膀兜都勒好了，还要量一下两边的距离是不是一样。如果距离不一样，还要继续调整。一边的膀兜长了点儿，我只要多打一个节，线就收紧了。这样调整几次之后，两个膀尖之间的距离就相等了。

◆ 6．做风筝的圆形下膀

（1）先削一段竹子，竹子要削得很薄。烤下膀的时候，因为不用反烤，所以我用酒精灯。烤的时候要来回晃着烤，不能只烤一处，要让竹子各个部位受热均匀。烤成需要的圆形后，在将要与中心棍连接的地方画上记号，再把竹条多余的部分剪掉。

（2）把烤好造型的下膀劈成两份，然后再使用推削的方法，削出下膀需要的厚度。削好两个下膀后，我要按照刚才画的记号，把两个下膀绑扎起来。绑下膀的方法和上面相同。

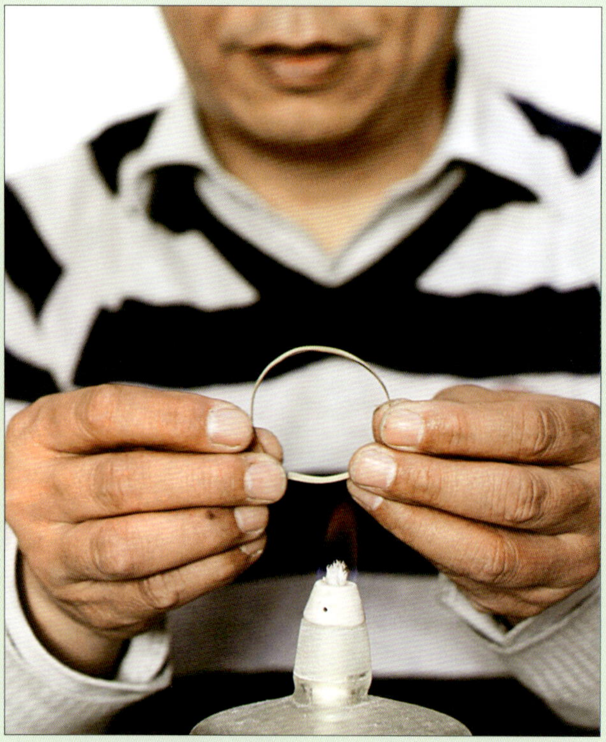

≫ 烤风筝的圆形下膀

≫ 在下膀上画好标记

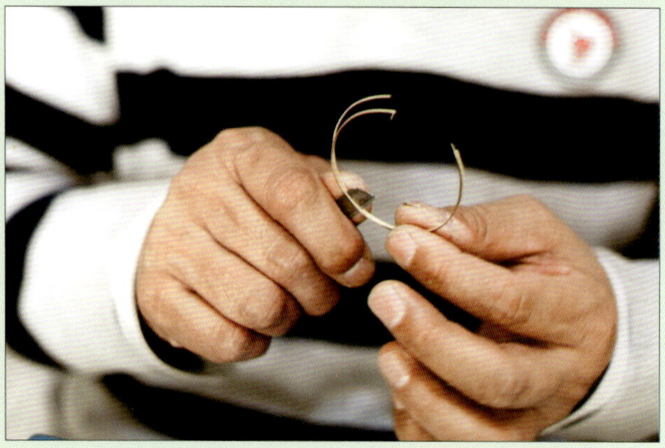

≫ 把烤好的下膀一劈两份

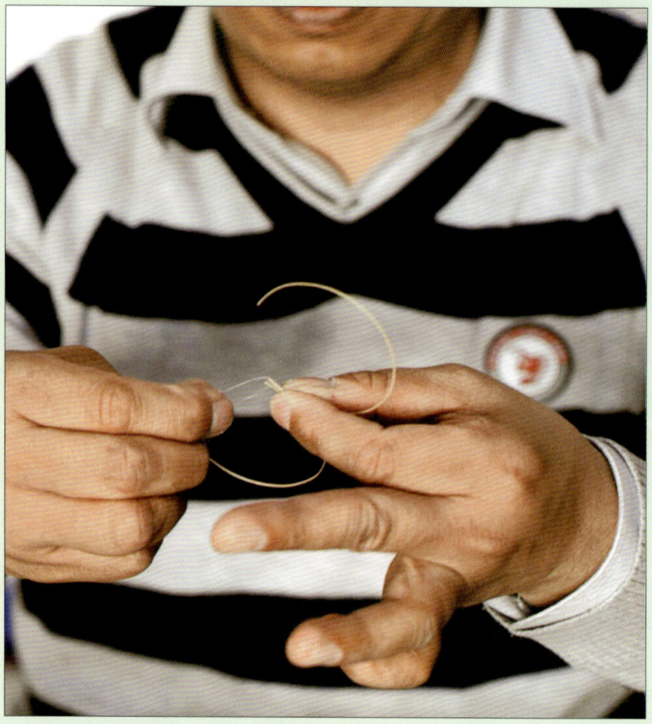

≫ 绑扎两个下膀

绑扎完下膀和中心棍后要开始绑扎下膀了

一边的下膀已经全部扎好

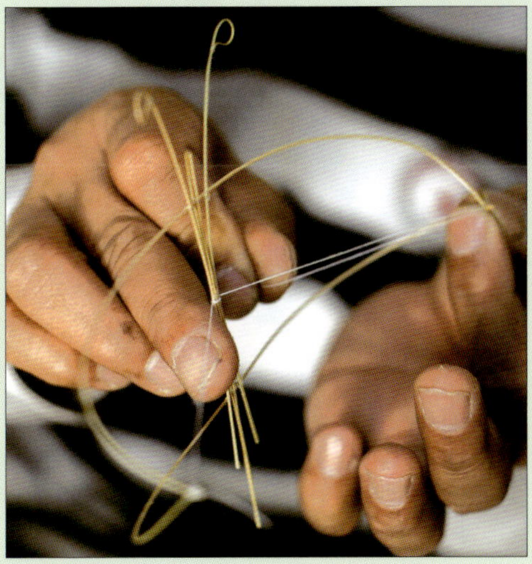

按照量好的尺寸，在下膀条上画记号

烤平主骨架

（3）两个下膀绑好了，就可以和刚才做的翅膀骨架连接了。在绑扎时要把下膀压在中心棍和下膀条之上，为什么呢？因为这样绑扎我们在糊纸画图案的时候，纸面才能平整。这一点在绑扎的时候要注意。

按照中心棍和下膀的记号，先绑扎下膀和中心棍。和中心棍连接起来以后，再连接下膀条。我们连接下膀条时，没有提前画记号，根据烤出来的圆形，稍微调整一下就可以和下膀条扎在一起了。

（4）绑好一边的下膀之后，我要测量一下下膀到中心棍的距离，这个距离是3.35厘米。按照这个尺寸在另一边的下膀条上画记号，这样另一边的下膀就可以按照这个记号，扎出和另一边完全对称的形状了。下膀扎好了以后，这件风筝的主骨架就完成了，这时候我们还要调整骨架，过一遍火，把不平的地方烤平了。

调整骨架的时候，火苗不能过大。想要把膀条的部分烤平了，只要烤中心棍就可以马上达到效果。因为中心棍是整个骨架强度最大的，它能控制上下膀条。像须子的部分，在绑的时候不够平整，都可以烤平了。烤平主骨架以后，接着可以做其他的装饰部位了。

◆ 7. 头部、小膀和尾巴的造型

按照上面的削法和烤型方法，先后做出风筝的三角形头部、带有弧度的蝴蝶小膀和蝴蝶的尾巴。这些部位属于风筝的装饰部位，大一点或小一点没有绝对的要求，可以按照个人的喜好和审美制作。但是不能做得过大，过大既不美观也影响飞行。一般情况下装饰部位骨架的强度是主骨架强度的一半。

把这几处骨架分别和风筝的主骨架连接起来，绑扎方法也与上面相同。比如尾巴要在下膀圆弧的最高点处绑扎，小膀的绑扎起点是同侧上膀条从中心棍到膀尖的四分之一处。这样我们的骨架就全部扎制好了。

做完整个风筝骨架之后，还要再把骨架烤一下。有时候膀条或者其他部位的竹子还会变形，我们就称竹子回性（术语）了。在粘糊风筝之前，一定要保证整个骨架是平整的。

≫ 绑扎蝴蝶风筝的尾巴

≫ 蝴蝶风筝的骨架全部扎制完成

（二）糊制过程

◆ 1. 介绍几种粘糊方法

以前我们粘风筝没有胶，只有糨糊，就先把骨架都裹上纸，再糊风筝。糊风筝分几种方法，平糊、裹糊、连糊和补糊，不论做什么风筝，都脱不开这几种粘糊方法。

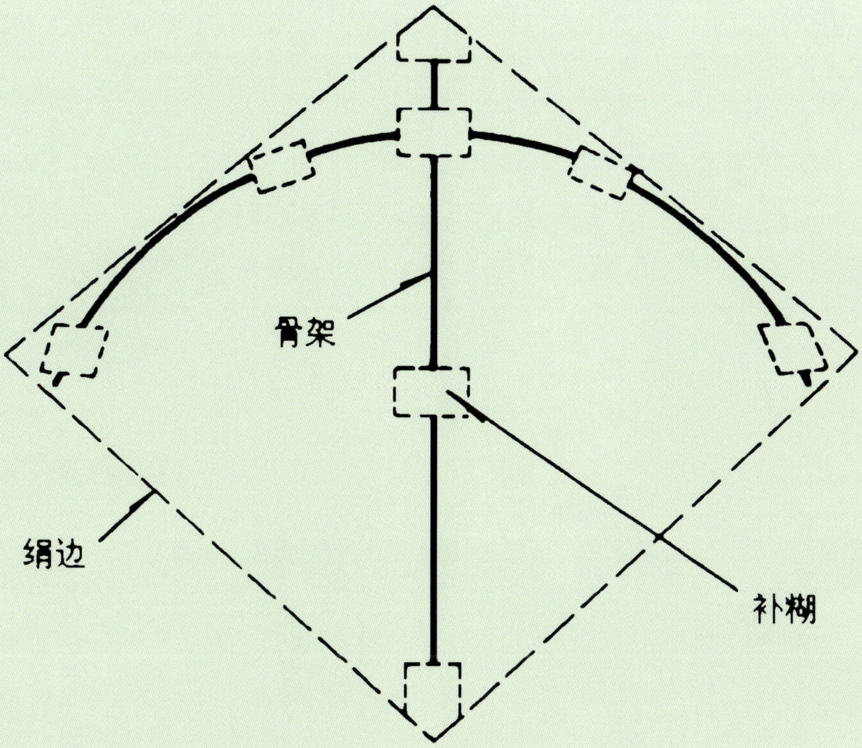

补糊示意图

我们一会儿在粘糊小风筝的过程中将会用到平糊、裹糊和连糊三种方法，在粘糊过程中我会分别介绍这些方法的特点和使用范围。在糊风筝前，我先说一下什么是补糊。补糊，就是在画面后面，找一块纸，像补丁一样把骨架和面料粘在一起。补糊最经常在软、硬拍子上使用，为的是加强风筝骨架与风筝面料的牢固程度。

◆ **2. 介绍材料**

我选择用棉纸作为这件风筝的粘糊材料。我们做的这件风筝体积很小，棉纸的强度能够达到风筝所要的强度，而且它有体轻的优点，不会给风筝的放飞增加负担。

棉纸有相对光滑的一面，也有相对粗糙的一面。在粘糊前要根据风筝所要绘画的内容确定使用棉纸的哪

用来裱糊风筝的棉纸

一面。我一会儿画的是带有写意色彩的牡丹蝶，有大面积的渲染图案，就使用棉纸相对粗糙的那一面。在粘糊的时候，要有意识地把粗糙的一面作为风筝的正面。

◆ 3．粘翅膀

（1）粘糊这件小风筝，主要分三块儿，分别是两个翅膀和圆形的下膀。我们先从翅膀开始，把棉纸剪

≫ 根据骨架大概剪出棉纸的长度

≫ 把棉纸从骨架后面穿过来，隔着绑扎膀尖的棉线搭在骨架上

成和半边翅膀大小差不多，然后根据翅膀骨架的长度，在棉纸的两边各剪一个口子，把棉纸从翅膀骨架的后面穿过来，平铺在骨架上。

（2）粘翅膀先采取对角粘糊的方法，固定骨架上的棉纸。先把棉纸在骨架上展平，然后轻轻对折。在上膀条靠近中心棍的骨架上点一些乳胶，再在上膀条膀尖的小竹面处加乳胶，然后铺上棉纸，用手压住贴近中心棍点胶的上膀条，再抻着棉纸和膀尖部位粘好。这样粘贴棉纸的好处是，一边压，一边抻，粘好的棉纸特别平。如果粘得不平整，就会直接影响放飞。下膀条也采用同样的对角粘糊的方法，把棉纸抻平了固定在骨架上。

采用对角粘的方式粘贴膀条

在下膀条上点胶

在粘贴棉纸的时候，动作一定要轻，力度掌握不好很容易把纸弄破，或者粘不平整。

（3）棉纸固定好了以后，就要把多余的棉纸剪掉。剪的时候，要留出和膀条竹子宽度相同的一部分棉纸。靠近中心棍处的棉纸要以中心棍为界，留出和中心棍同宽的棉纸。

（4）棉纸剪好了，就在骨架的外侧面涂上胶，然后把预留的棉纸裹在骨架上，我们叫“抿边儿”（术语），这种方法也叫裹糊。我们现在裹糊小风筝，只是留出一个骨架宽度的纸，过去做的都是大风筝，留

剪去多余的棉纸

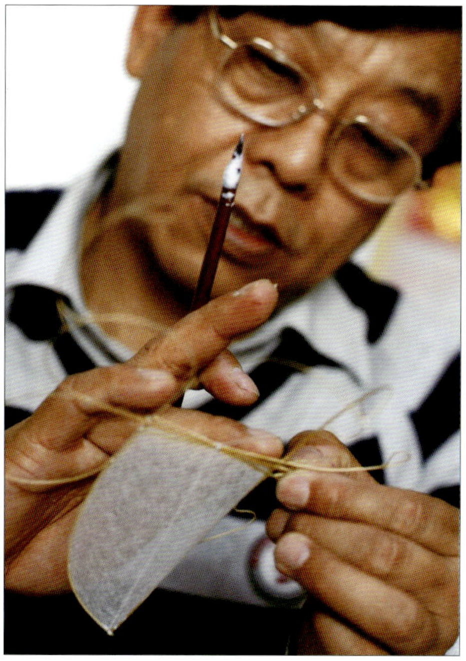

裹糊骨架

有些小的地方就使用小刀片代替手来粘纸面

出的纸要把整个骨架都包住。这么做的好处是能把风筝的画面与骨架紧密地结合起来，放飞后画纸不容易被风撕坏。我们哈氏风筝在做大型的瘦沙燕时，糊画面采用的就是裹糊的手法。

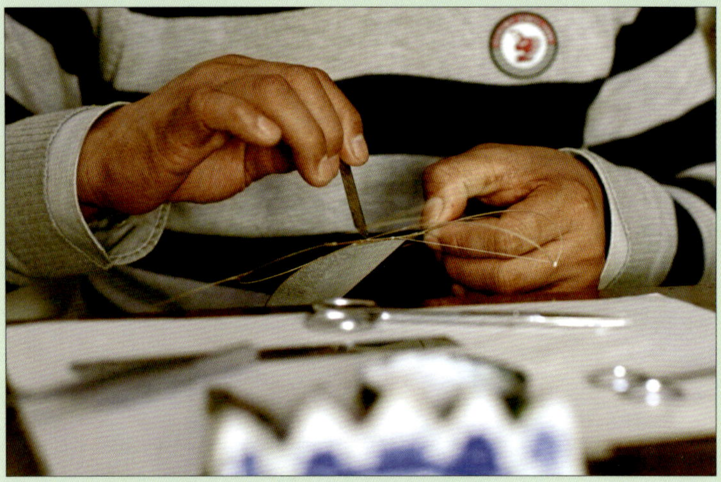

修剪另一只翅膀上的棉纸

用连糊的方法粘糊风筝中心部位

说到这儿了我就再提一句，我家在糊大风筝的时候除了裹糊，还有一种特别的方法，就是在糊风筝之前，先在风筝的骨架上裹一层纸，然后再把面料裹糊上。我父亲做过的一件蝴蝶就是先把骨架裹上纸，再粘画面。这种方法是传统的粘糊方法，现在很少用了。因为以前糊风筝基本上都是用糨糊，糨糊的粘合度有限。大风筝本身面积就很大，放飞的时候画面承受风的压力非常大，如果只是抿个边儿，画面很容易被风从骨架上撕下来。所以就采用骨架裹上纸后再粘画面的方法，这样就加大了画面和骨架的结合强度，放飞时保证画面不受损。

（5）另一只翅膀的粘糊方法和上面一样，也要先把棉纸铺平，然后对角粘，固定棉纸，再把多余的棉纸剪掉，留出与骨架同宽的棉纸裹糊骨架。在剪靠近中心棍一边的棉纸时要以中心棍为边缘，留出和中心棍同宽的棉纸，粘在已经粘好的另一只翅膀上。这种粘糊的方法也叫连糊，就是在做像龙头、蝴蝶肚子这样的地方，没办法一次粘好的，需要一块一块地粘连起来。

◆ 4．粘圆形的下膀

翅膀做好了以后，我用一整张棉纸来粘糊风筝的圆形下膀。先在下膀的骨架上点胶，然后直接把棉纸粘在骨架上，这种方法叫平糊。平糊是在风筝制作过程中使用最多的粘糊方法。它的名字很直观，就是在骨架上抹好胶，把风筝画料直接粘贴在骨架上。

在点下膀的时候，要把尾巴和下膀连接形成的三角形一起平糊粘上。粘好了，就把多余的棉纸按照骨架剪出造型。下膀就不用裹糊了，因为我做的这件风筝很小，要是裹糊了下膀，就会加强下膀骨架的硬度，

平糊圆形下膀

按照骨架的造型剪掉多余的棉纸

裹糊尾巴

放飞就会受到影响。如果做大风筝，下膀还是要裹糊的。

我们剪到尾巴上的三角形时，要留出与骨架同宽的棉纸，这一部分还是需要裹糊，加固一下。这一块因为面积小，即使抿边儿了也不会影响飞行。

5. 糊小膀、头部、须眼和尾眼

主骨架粘好了以后就可以粘糊其他的装饰部位了。还是按照之前粘糊翅膀和小膀的步骤，剪出大小差不多的纸块，先用平糊的方法把棉纸粘在骨架上，之后按照骨架造型剪掉多余的棉纸。这些部位都要裹糊，

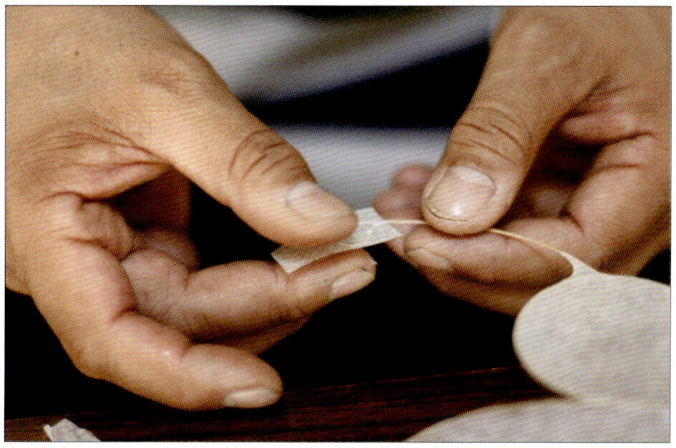

粘尾眼

粘小膀

加固一下。小膀和头部因为与翅膀相连接，还要用连糊的方法，以上膀条为界，留出与骨架同宽的棉纸，直接粘在翅膀上。

小膀、头部、须眼和尾眼粘糊好了以后我们的骨架就全部粘糊完成了。

（三）绘制过程

◆ 1．介绍绘制风筝的几种方法

风筝粘糊好了就可以画画面了。在画风筝之前，我先介绍绘制风筝的几种方法。

≫ 骨架全部裱糊完成了

≫ 先勾画头部和身体

≫ 翅膀上的图案是抽象的牡丹花瓣，在画的时候要尽量对称

第一种是先在纸或绢上画好图案，再粘在架子上。我们可以采用拼接和补色的方法来完善风筝的绘制。

第二种是画完线稿后粘好，再上色。

第三种是先根据风筝的骨架套好形状、大小，之后再套画稿，画好画稿后再与风筝粘接上，最后再补色。

第四种是粘好风筝以后再构图、上色，这种方法对技术要求高一些。我画这只风筝就用第四种办法，直接在粘好的画面上构图、上色。

我们在画风筝时，要抓住风筝图案色彩对比强烈、颜色纯的特点，画风筝铺颜色，能一遍到位就画一遍，要突出主题。

◆ 2. 画头部和身体

先把赭石颜色加水调淡一些，用它来勾线。因为这种颜色好修改，容易被其他的颜色覆盖，所以我都用这个颜色来勾图案轮廓。

颜色调好了以后，用细毛笔直接在画面上勾线，先画蝴蝶的头部和身体部位。下笔时一定要注意笔上的水分不能过多，因为棉纸属于生宣纸，水分多了非常容易洇湿画面，也容易把纸弄破。

画的时候图案和线条要尽量左右对称。

◆ 3. 画小膀图案线稿

完善线稿

粗略画翅膀上的花纹

完善翅膀的花纹

（1）画完蝴蝶的头和身体，接着开始画翅膀的花纹。我习惯于先从下膀画起。这只蝴蝶是以牡丹花瓣作为翅膀上的花纹的，我就用抽象的牡丹花瓣，一层一层叠加起来，组成蝴蝶的翅膀。画翅膀也要注意左右对称，一边画完了，另一边可以照着画完的那边画。

（2）粗略地画完图案线条后，要根据牡丹花瓣的特征细致刻画，完善线稿。每一个花瓣的花纹细节也要注意左右对称。

◆ 4. 画翅膀图案线稿

（1）画完小膀上的花纹以后，开始勾翅膀大面积的图案。第一遍还是粗略地勾线，画出一层一层的花瓣。画完一边，画另一边，两边也要对称。

赭石线稿完成了

开始上墨线

（2）粗略画完以后开始勾第二遍，也是精细刻画图案，完善了画稿，在画的时候随时调整画面，保持对称。

◆ 5．勾墨线

画完上下翅膀的线条以后，线稿就初步画好了。然后我要按照原有的线条，勾一遍墨线。我还是从下膀勾起，勾墨线时下笔要注意节奏，画的时候要屏住呼吸，注意力要集中。

画好墨线就可以上颜色了。我习惯一块一块地勾线、画颜色，我选择先勾完一侧下膀，接着就可以上色了。

◆ 6．上颜色

在棉纸上大面积上色时，我一般用透明水色加上一些广告色。透明水色稍微多一点，广告色少一些。用广告色是因为它颜色鲜艳，对比度强，再有就是广告色不洇纸。这样勾兑出来的颜色既有广告

在上过清水的花瓣上涂颜色

色的鲜艳又有透明水色的透明质感。而最重要的一点就是这种勾兑的颜色，重量很轻，不会给小风筝的飞行增加负担。

（1）先在调色盘里加广告色和透明水色，勾兑出玫瑰紫的颜色。

给下膀上的牡丹花瓣图案上颜色，是要有层次的。我用玫瑰紫作为图案的主体颜色。在铺颜色时，要画出从紫到白的渐变效果。所以第一步我要用干净的笔，蘸清水，在需要留白的花瓣边缘轻轻涂上一层水。然后再蘸上玫瑰紫，开始上颜色。

（2）上颜色时，笔要斜着涂色，因为画面非常薄，笔尖稍微一用力就容易把画面捅破。颜色上到有清水染过的地方就可以了，然后用干净的笔在有颜色和清水染过的画面之间来回晕染，轻轻擦出渐变的效果。

（3）第一层花瓣的颜色画完了以后，紧挨着它的那一层花瓣不能马上画颜色。第一层的颜色必须干透了，才能接着画挨着它的部分。因为棉纸非常容易洇，如果现在挨着这一层画的话，颜色就会渗到其他部分，把已经画好的画面弄脏。我采取隔一层花瓣的办法，继续上颜色，这样第三层花瓣画好了，第一层的颜色也干了。

采用隔一层花瓣的画法给画面上颜色

上完颜色的一侧下膀

膀上的装饰点

点缀装饰点

勾墨线轮廓

（4）按照这个办法，一个下膀的颜色就全部上好了。画好的紫色花瓣既统一了画面，又归纳了牡丹花瓣的形状特点，有很强的装饰效果。

用纯白色提粉

◆ **7．加装饰点**

我们铺好颜色以后，要点一些装饰点来丰富画面层次。装饰点有两种颜色，一种是深紫罗兰色，一种是浅紫罗兰色。

先点深紫罗兰色，在下膀画有玫瑰紫的第一层花瓣上面开始点点。点点时用笔要轻，点出的点要疏密有致。在玫瑰紫逐渐变淡的部位，就要用浅紫罗兰色点装饰点了。花瓣的白色边缘还是要留白。第一层画好了以后，按照花瓣的层次，一层一层地点染画面。

这两种装饰点点缀画面，使画面非常活泼。装饰点大小不同，色彩由深到浅，由密到疏，产生很强的节奏感，整个画面的颜色很统一，层次又丰富，视觉效果非常好。

◆ **8．绘制风筝的其他部分**

一侧下膀画完以后，按照绘制下膀的方法继续画风筝的其他部分。另一个下膀和两个翅膀上的花纹和装饰点都画完了以后，再画蝴蝶的身体部分。这是因为蝴蝶身体的颜色要和翅膀区别开，既要醒目又要协调。所以只有铺完大面积颜色以后，才能对身体的颜色进行设计。我用紫罗兰、玫瑰紫、橘红色和绿色画身体，上面也点有装饰点。蝴蝶须子和尾巴用紫罗兰和橘红色组成，和身体的颜色相呼应。

◆ **9．上墨线和提粉**

风筝上的图案全部画完了以后，还要沿着风筝的图案边缘上一遍墨线，勾画轮廓。勾完墨线轮廓，就开始给画面提粉了，这是绘制风筝的最后一步。提粉是我们家的叫法，从字面上就很好理解，就是给图案的边缘提亮。

我画这件风筝，使用纯白色来提粉，提粉的白和墨线的黑，使图案的边缘更突出、醒目。

现在，这只牡丹蝶风筝的制作过程就全部完成了。

从扎制骨架、粘糊面料到绘制画面，程序看起来很简单，但实际上想要达到一个比较熟练的程度，必

须经过很长时间的训练才行。所以说做风筝和其他任何事情一样，要做好，就得用心下工夫。到今天，我都觉得自己还在学习中，而且这种学习是没有止境的。

三、注重放飞的哈氏风筝

（一）放风筝的风俗与禁忌

风筝既然是一种传统的民间工艺，自然就带有浓厚的民俗色彩，放风筝也有着独特的民俗寓意。这里面大概有这样几个不成文的习惯。

放风筝的时间一般是从春节到清明。从气候上来看，春节以后东风起来，天气也逐渐暖和了。而且那时还没开始春耕，时间和场地都比较宽裕。

一般大年三十的晚上，中国传统习俗有放鞭炮、放风筝，这些都是为了接财神，求得一年财源广进。到了农历正月十五元宵佳节这一天，家家户户都要把除夕接来的财神送回天上，所以不管老百姓还是宫廷贵族，当天下午就都放起风筝，然后把风筝线拴起来，天黑了也不收回。上半夜人们愉快地嬉戏，在风筝线上系上灯笼，又放鞭炮，尽情热闹。到了下半夜，人们认为财神已经上了天，就都回家去休息，把风筝留下了。天亮了风筝也不知哪里去了，只剩下一小段线，寓意是灾难给带走了。

还有一种传说，说人们放风筝是为了敬献神灵，袚除不祥，祈求消灾降福。旧时人们认为，风筝是“白虎星”，放风筝是把“白虎星”送回天宫。人们还在风筝上贴上神马，或者画上神像，还要在风筝上装置哨子，也就是驱魔求个平安的意思。

以前民间放风筝有不少忌讳。如果风筝断了线，落到哪家，哪家就认为是种不吉利的兆头，就要把风筝给撕毁，用意是把不吉利的兆头给破了。有时风筝落到附近邻居的院子里，失主很快到了，邻居不好意思撕毁，就会在风筝上捅几个洞，这样也算是把不祥的兆头戳破了。

过去有的地方在放飞前，要拿着风筝在村子里面游行，还要在村头摆香案，由德高望重的老人带着村中男人祭祀，求风筝能够顺利上天，祈祝风调雨顺、五谷丰登。祭祀之后才能把这个风筝放上天。在有些地方，人们有灾有病的时候，就会在风筝上写上自己的名字，等风筝放上天后，把线剪断，让风筝随风飘走，觉得这样便可以把灾病都给赶走。

（二）风筝的飞行原理

掌握放风筝的技术，首先要了解风筝起飞的基本原理、风筝飞翔的特性和放风筝的基本环境。风筝的定义是这样的：它是重于空气、没有机械动力、用线牵引、靠自然风飞行的物体。

风筝比空气重，那么它为什么能够在天上飞而不掉下来呢？这就是因为风筝和空气有了相对运动，产生了空气动力的结果。有风天我们可以在原地放风筝，因为风吹过风筝，产生了空气动力。无风天我们放风筝就需要跑起来，让风筝和空气产生相对运动。

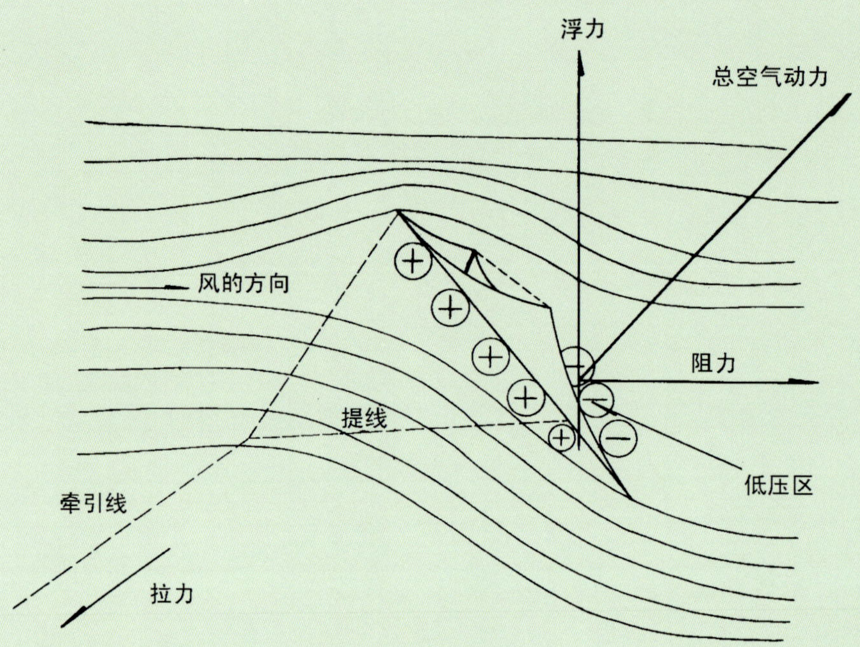

风筝起飞原理示意图

具体来说，风筝是在骨架上粘糊上面料做成的，这样风筝本身会形成很多的“面”，风筝就是利用这些“面”起飞的。由于各部位的“面”的大小、弹性、方向、角度、施力点的远近和位置都不同，承受空气的压力也不同。面积大、弹性小、方向和气流成垂直角度的那些部分受力较大。反之，受到的阻力就比较小。

我以前的笔记上对风筝起飞的原理有更详细的记录：

空气流到风筝前方，受到阻挡，速度变慢压强增加，这就使临近的气流膨胀，向风筝的两边和下方流去。流过后，气流又逐渐收缩，越过风筝，继续向前流去。换句话说，气流以一定的力量压在风筝的前面，同时又分成几股，分别从风筝的两边和下端流过。气流流过后由于惯性作用，一直向前冲，来不及立刻绕到风筝的背后汇合，这种现象叫做气流分离，风筝背后便形成了一个压强较低的区域。在这个低压区内，由于空气受到前进气流的带动而产生许多漩涡，于是就形成了这样的情况：风筝前面的压强大，背后压强小，造成了压强差。压强差作用到风筝上，再加上空气对风筝表面的摩擦力，就形成了一股力量，即总空气动力。

按照所起的实际作用，总空气动力可以分解为两部分。一部分与气流方向垂直，起支持风筝重量的作用，并与它平衡，这就是浮力；另一部分同气流方向一致，阻挡着风筝前进，这就是阻力。风筝上的浮力和阻力是怎样产生的呢？是因为有着流动的空气。当一只风筝稳稳地悬挂在天空中时，它上面正有四股力量起着作用。这些力量是互相平衡的，即浮力同重力相平衡，拉力同阻力相平衡。其中浮力和阻力是由空气动力产生的，拉力是人提供的，只有重力才是风筝自身固有的。

（三）风筝的放飞环境

放风筝要有一定的外部环境条件，即：宽阔的广场、海边、市郊区的空阔农田等，最适宜放风筝。因为在建筑密集的市区，空气流动会受到建筑的阻拦，风速变得不稳，所以不适合放风筝。再有山区也不适宜放风筝，因为高低起伏的山峦会使气流方向改变而旋转，不能使风筝稳定飞行。所以气流流速比较稳定的空阔场地才是最适宜的。

20 世纪 80 年代，哈亦琦（右一）与父亲哈魁明（左二）及三伯父（左一）在天安门广场放飞风筝

（四）特殊的放飞技巧

每种风筝都有它的特殊放飞方法，因为除了风筝大小的差异，还有骨架结构的不同。硬翅风筝、硬拍子、串儿类的龙筝和微型风筝的放飞方法都是不一样的。下面介绍几种有特点的风筝施放技艺。

◆ 1．硬翅大型风筝

硬翅大型风筝要在风力达到 3.5 到 6 级的大风天气里才能施放。它的放飞过程分几步，首先把牵引线与提线连接好，把风筝迎风正面朝地面放平。大型硬翅风筝的高度有的超过 3 米，在风速达到 3.5 到 6 级时，因风筝面积较大，风又不断在吹，要想放飞风筝就需要 4 个人一起配合。

1983 年哈亦琦在美国放飞沙燕风筝前作准备

第一个人扶着风筝的肩膀，第二个人拿着牵引线站在距离风筝大约 30 米远的地方，第三个人与第二个人的距离也在30米左右，第四个人拿着线车，与第三个人的距离还是30米远。几个人各就其位，准备好了，等风来了，就由一个人喊声口令。听到口令第一个人马上用双手把风筝迎风托起，大风筝就会迎风倾斜着向上飞去，然后第二个人紧紧拉住

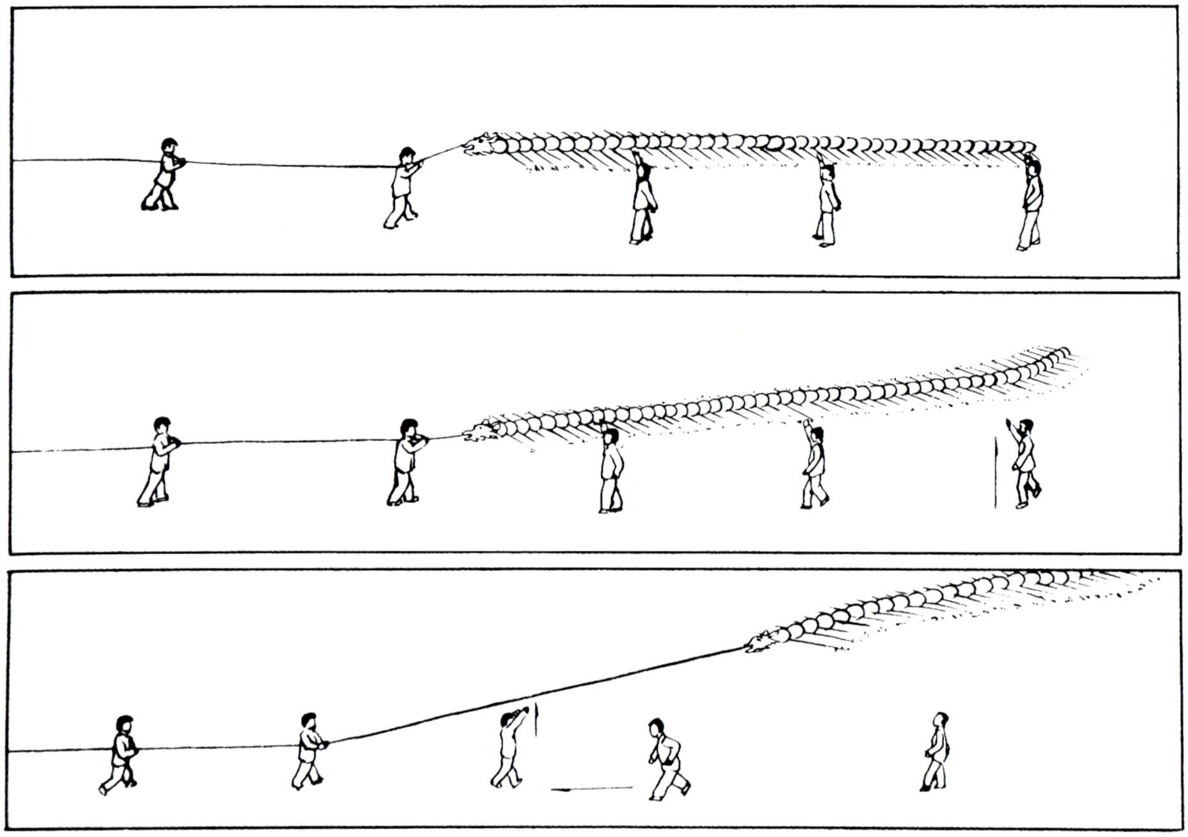

放飞30节以上龙头蜈蚣风筝示意图

牵引线，等到风筝稳定后放手，这时第三个人已经拉紧了牵引线，这样，几个放风筝的人分段轮流放线，直到风筝飞到一定的高度。

◆ 2. 串儿类风筝

比如，龙头蜈蚣串风筝，它是由一片片一个个的风筝组成的，有几十个一串的，也有几百个一串的。这种风筝迎风的力量分散在几十米甚至上百米的长度上。放飞串儿类风筝就需要五六个人或者更多的人齐心协力才能成功。

首先要把龙头蜈蚣从前到后拉开、拉直，每15米就有一个人举着风筝，头部有一个人掌握牵引线。准备好后一声令下由托尾部的，也就是最后一个人先放手，让尾部先飞起来，然后再由后向前依次放手，这样才能让整个风筝分段飞起来。

2008年10月7日，祥云小屋展演结束时哈亦琦放飞103米万国旗串风筝

想要放起这样一只龙头蜈蚣风筝，通常要五六个人通力合作才行

◆ 3. 微型风筝

微型风筝是指一尺以下的小风筝，一般在3—7寸左右。微型风筝和中大型风筝一样，可在2—5级风速间飞行。因为它的骨架是按规格同比例微缩而成的，加上合适的面料，同样可以适应一定的风速压力。但要注意的是，放风筝用的线必须是非常轻、细的蚕丝线或细鱼线、细棉线等。不然线过重会把风筝带下来。

虽然一个人就可以放小风筝，但由于小风筝迎风面较小，气流吹过后使它总是向两边摇摆，所以在放线时一定要慢慢放，让它慢慢地升高。因为它的重量轻，如果线放得过快的话，它就会像纸一样地飘走，也很容易和车引线绕在一起。

哈亦琦1978年制作的掌燕风筝

（五）风筝的回收方法

因为风速、环境和条件不同，各类风筝放飞又有不同的情况，这就使得风筝回收的方法有所不同。如果线收不好，会摔坏风筝，或者出现风筝不容易收下来的情况。下面介绍回收风筝的几种技巧。

◆ 1. 放冷线

放风筝有一种技巧叫“冷线”，或叫“放急线”。当风筝起飞后或降落时，很可能会遇到风力过大或风力不稳的情况，这时风筝就会摇摆不定，甚至摔向地面。遇到这种情况时，我们一般要采取“放冷线”的方法，减弱风筝和气流因为相互作用而产生的力量，使风筝保持暂时的稳定，趁着这会儿，马上收线。当然我们必须提前做准备，就是在线车上提前导下一些余线，大概10—15米，把这些线放在地上。风筝出现摇摆不定的情况时，头部会朝地面摔下，这时就把提前准备的余线突然放出，让风筝与气流的作用力减弱。如果在高空它就会暂时稳定，如果在低空它就会轻轻落地，免于损坏。

◆ 2. 两人回收方法

放中型以上的风筝，如果遇到风大时就需要两个人相互协作，回收风筝。在收线时一个人两手交替收线，一个人打绕线车，这样就解决了一个人一只手收线，一只手绕线的困难局面。

◆ 3. 压线回收方法

这种收法是在回收大型风筝时用的。一般放大风筝都是在风速比较快时放飞，如果用两只手来收线是很困难的。收线时第一个人先拉住牵引线，第二个人拿着一根直径2—4厘米的圆木棍，走在第一个人前面，用圆木棍横压在牵引线上，一边往前走，一边用木棍压线。大约压到有二三十米的地方，用双手拉紧牵引线。第一个人迅速把已压过的线，打绕在线车上。用这样的方法反复收线就行了。

（六）风筝附件的玩法

风筝还有其他的玩法，也是靠着风的作用来滑行、摩擦和转动各种有趣的滑行物、声响器和发光体。下面这些比较常见。

◆ 1. 飞行彩纸

用一张长宽大约3—6寸的方形彩纸，挖去中间部分，然后连线带线车一齐穿过洞去，让风把彩纸吹滑到风筝那边。由于这种彩纸在被风动的过程中，有“索索”的声响，所以我们也把这种玩法叫“吃索面”。

◆ 2. 送饭

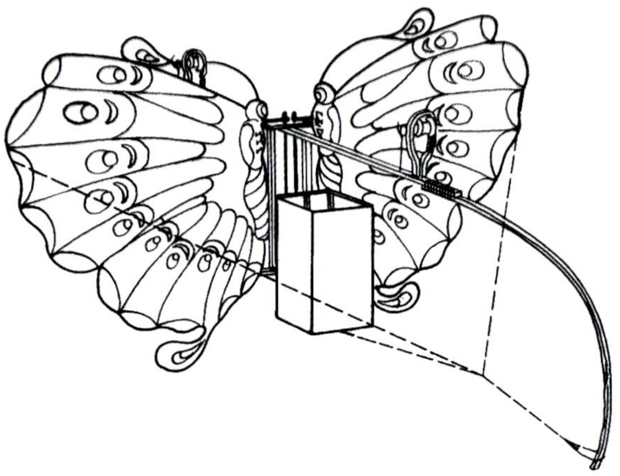

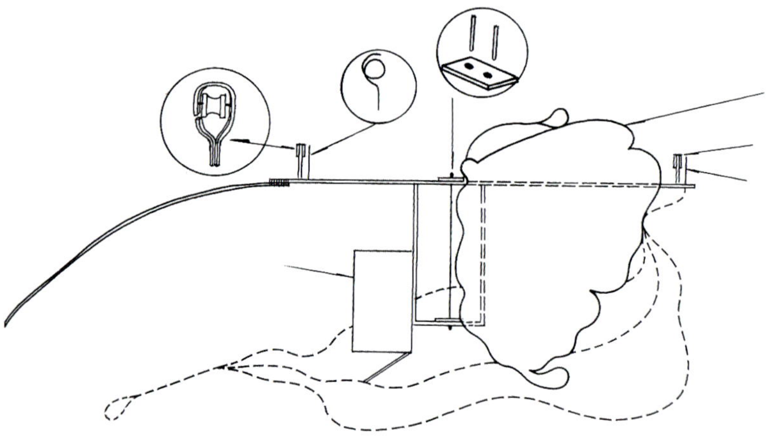

≫ 风筝附件——送饭（哈亦琦1990年绘）

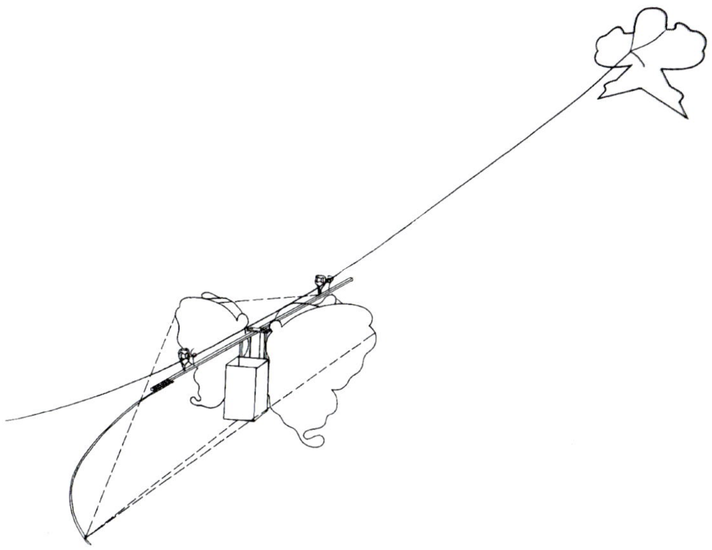

风筝附件——送饭放飞示意图（哈亦琦 1990 年绘）

送饭又叫催子或者飞蛾。叫送饭是因为风筝起飞后，挂在牵引线上的这个装置被风一吹，就会沿线上升，到提线处才停住，像是给风筝送饭一样。叫催子是因为它像被风催促着上去的。飞蛾是指这种装置往往被做成蝴蝶的形状。

送饭是由两片可活动的受风面和支撑装置架共同组成的，受风面往往做成蝴蝶翅膀的形状。支撑装置架上有长方形盒子，里面装满碎纸片。放风筝时先把架上的控制线绷在弹性竹条上，让蝴蝶翅膀张开，然后把铁线圈套在牵引线上。送饭就会慢慢被风吹到提线处，这时风还会继续吹，控制绷挂线和弹性竹条装置就会脱节，受风面就自己合拢了。送饭这时没有动力了，再加上和牵引线连接的转轮转动，它就会自动沿着引线滑下来。这时彩纸盒上可活动的底盖也会自动打开，里面的彩色碎纸片散落在空中，像天女散花那样，非常好看。

◆ 3. 系灯笼

系灯笼是在夜间把点燃的灯笼绑在牵引线上，借助风力向上滑动。（一般是纸灯笼）灯笼滑动的原理和送饭差不多，一只风筝一般能系上四五个灯笼。在晚上，这一盏盏的红灯像几颗闪烁的大星星，既好看又有趣。

（七）声响器的玩法

风筝上的声响器是用传统工艺制作的，它利用风力和简单的机械原理，发出不同的音响，增加风筝的趣味性，常见的有哨、锣鼓和风琴。

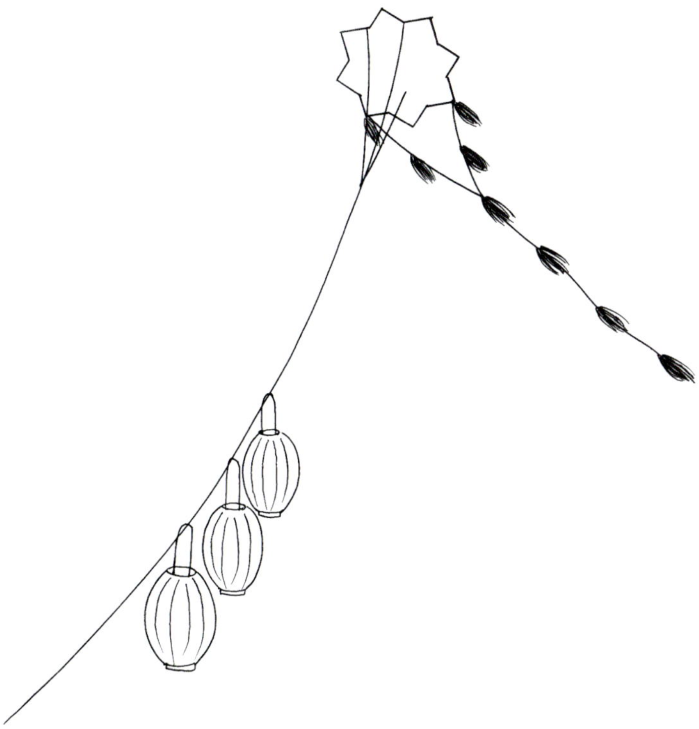

风筝附件——灯笼（哈亦琦 1990 年绘）

◆ 1. 哨

哨的原材料一般有竹子、苇子、葫芦、象牙、牛骨和牛角等。从音色上有高、低之分。音色的优劣与竹子的选料有关，好的哨具有体轻、声音清晰的特点。

哨的种类很多，“二筒”、“三联”、“七联”、“葫芦”、“截口葫芦”、“众星捧月”、“四音二筒”、“孔雀开屏”、“十三眼”、“四十三眼”等几十种。据说哨子是明朝皇宫中乐师发明的，当时在宫中被称为“神乐”，它一般安装在沙燕风筝头顶的两侧，放飞时，能发出清脆悦耳的响声。

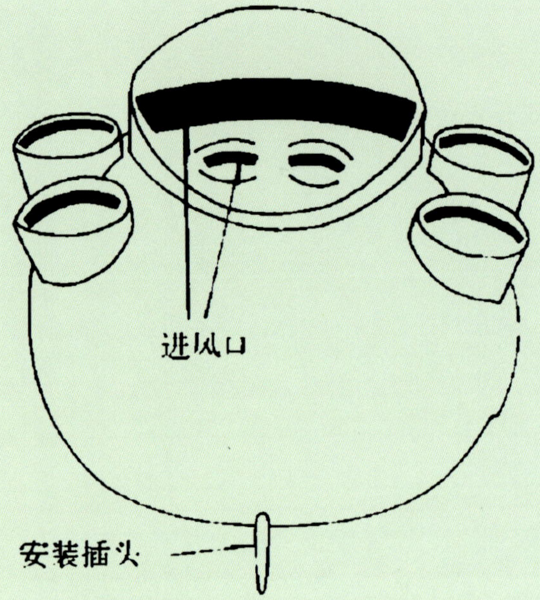

风筝附件——哨子示意图

◆ 2. 铜锣和皮鼓

锣是用“响铜”制成的，所以叫做“铜锣”；鼓是用薄羊皮或者比目鱼的皮在竹筒上制成，所以叫做“皮鼓”。先把铜锣和皮鼓用粗线拴在一个用竹条扎成的三角支架上，这个竹条要选粗一些的，然后制作 4 个钩形的竹锤，同样用粗线盘在支架的适当位置上。支架上横轴的两端装有 8 个风兜，最后在横轴中间绑上 4 个长方形竹圈，就可以了。

这种附件一般安装在比较大（5 尺以上）的硬翅类风筝的背部。在空中，风吹动风斗不断旋转，带动横轴转动，横轴上的长方形竹圈就会拨动竹锤敲打铜锣，发出声响。

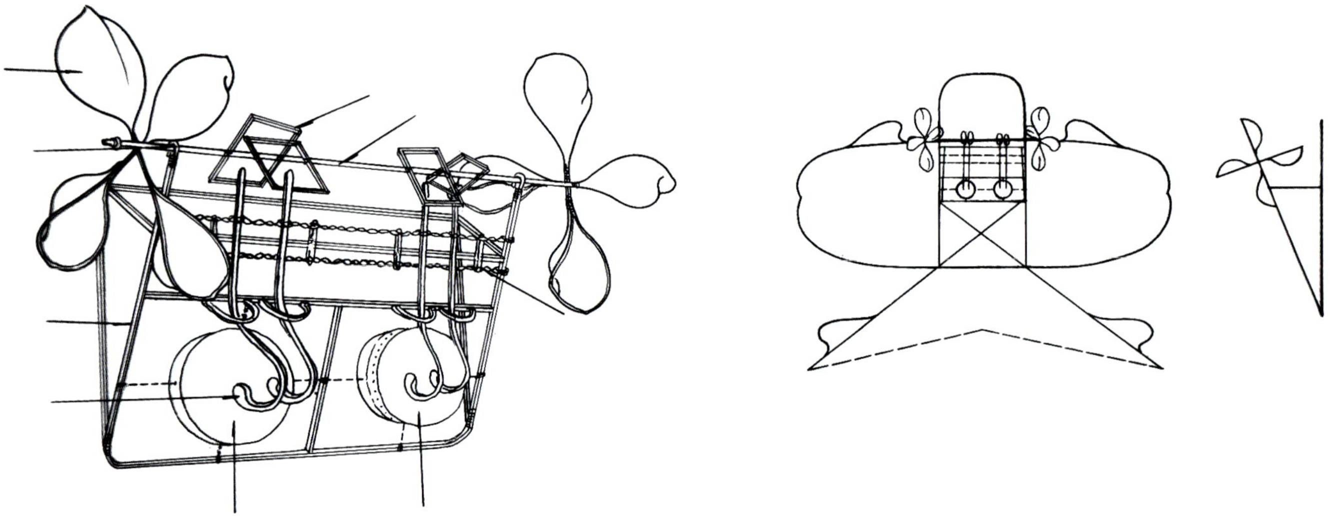

风筝附件——锣鼓（左）及安装示意图（哈亦琦 1990 年绘）

四、风与线

现在说一下风筝的风和线。在我父亲那一辈对于风和线的知识就有所了解，风和线直接影响到所有类别风筝的放飞。以前的艺人很少提到这些，风和线这两点是我父亲总结出来的，我在我父亲的基础上也有一些新的认识和理解。

（一）风

◆ **第一，我们说的风，就是在不同的风里放不同的风筝；不同的风里放同一类却不同规格或强度的风筝。强度和规格不同，放飞的差异会非常大。比如我们做同样尺寸但不同强度的沙燕风筝，它们适应风的范围是不一样的。**

软翅、硬翅、软拍子、硬拍子等适应风的范围是不同的。风筝除去类型外，也可做不同强度的风筝。我去放风筝有时候会带两个沙燕，一个是可以在3—4级风的情况下放的，一个是适应5—6风的。在放飞中风力是检验风筝强度的标准，风筝的自身条件要和外界环境相适合，有时大风筝骨架强度不够，就不能在大风中飞行；有些小风筝，骨架强度合适，在大风中照样飞行。

◆ **第二，放飞前我们先要确定风向和当前风力的大小。**

确定风向，是为了让风筝飞到空中以后，不至于因为风向的改变而摇摆不定；确定风力，是为了选择所放风筝的大小。比如，微风到1级风，可以放3尺、4尺的软翅类；1级到2级风，可以放4至6尺的沙燕；3级到5级风，就可以放8尺、一丈、丈四、丈六的硬翅，也可以放4尺、5尺拍子和6尺、8尺鲶鱼（指不带尾巴的头部尺寸）；风力在6级上下，只能放6尺以上的拍子或者一丈以上的鲶鱼了。如果放飞前我们不考虑这些因素，风筝不是打跟头，就是把线挣断了。

放风筝最适宜的时间都在下午，只有很少一部分时间在上午。九、十点钟以后，有一个多钟头，风向正常，就是在十点钟左右至十一点以后，绝不超出正午十二点。上午大部分时间都会刮北风或者西北风。较大的风力也很少见，最大可以放6尺或者8尺的风筝。到正午，风向就会转移了，风会停很长一段时间。这时风筝就飞不了了。所以上午放风筝的时间不会太长。下午如果是晴天，从三点开始直到天黑，风向和风力一般都会很正常，完全适宜放风筝。

晴天和阴天也是放风筝必须考虑的关键问题。晴天风力和风向大部分运转正常，极个别傍晚风力会猛增，最多能到7级风左右。如果放风筝遇到这种情况，大部分要受到损失，除风筝吃不住栽跟头外，便是把线挣断。但这种情况是非常罕见的。如果上午刮西北风，即便阴天也会慢慢放晴。下午刮西南风是晴天，就很少转阴。如果是上午刮东南风或东北风，起码要升云，甚至要降雪，这时风就会非常微弱，绝对没有放风筝的可能。如果上午没风，十一点左右才起风，而且大部分是西北风，这风起码要刮上三天，到第三天就很可能转南风了，这时最适合放风筝。此时不但风力稳定，并且连贯性强。除软翅外，大小风筝都适合放飞。如果下午一点以后起风，那么再大的西北风最多刮到日落，晚上肯定会停。以上所说风的常识，是我在北方根据多年的放飞经验总结的，至少对放风筝是非常有帮助的。

◆ **第三，制作风筝时也必须掌握风的性能。**

我们应该让风筝的软硬程度适合风的强度，使风筝的规律依照风的规律变化。我们制作风筝的时候，就必须掌握风筝的软硬。风筝大体上可以分三部分。以沙燕为例：沙燕的上膀条为上，下膀条为中，两腿为下。我们常说“十、五、五”就是上中下软硬的比例——父亲以前是按照“七、三、二”的比例做的，我经过多次实验，把这个比例改为“十、五、五” ——“上十”，就是说如果上膀条能承受的风的力量为十分，那么下膀条承受风的力量就是五分，腿部最多也可以承担五分。这样，软硬比例就形成了一个固定公式，简称“十、五、五”。

我们知道，制作时能掌握“十、五、五”软硬强度就可以使放飞效果比较理想，但为什么风筝在初步上升时摇摆不定，而上升到一定的高度就又稳住不动了呢？道理是这样的，我们通过试放风筝的经验，得出这样的认识：风筝的上升分为低空和高空两阶段。低空阶段风力较弱，“十、五、五”的软硬强度超过低空的风力，风不能把风筝的两膀吹向后背，所以它就左右摇摆。向左摆直到向下垂直的程度才会向右摆，因为左膀垂直的时候，风从左膀尖卸去，同时右膀正在吃风，所以就会立刻向右摆动，这是正常现象。这样往返循环直到达到一定高度。风筝飞到高空时，因为受风面积有了足够的风力，两膀被风吹往后背，自然两膀尖端同时卸风正常，两腿卸风也正常，就会稳定不动了。但是它也不会再往高处上升了。

如果风筝在低空的摇摆不平均，它到达高空后虽然也会稳住不动，但这时身子往往是歪的，如果此时风力突然扩大，它就会打跟头，这一般是风筝的两根提线长短不一造成的。这是第一种毛病。

第二种毛病，是风筝从初步上升到升至顶峰，一直都很稳，但只要稍微遇到一点儿风，风筝就会往两边的任何一边栽下来。这是因为上、下膀条的强度太相似了，父亲管这样的风筝叫得了“不治之症”，不能调整，只有重做。

第三种毛病，是从风筝初步升起直到高空，始终在摆，稳定不住。这是风筝的腿过硬的缘故。这类毛病容易治，就是让两腿的比例适合“十、五、五”规律就可以了。

（二）线

线，指的是提线、连接线（专指串类风筝）和放风筝的牵引线。

◆ 1. 提线

风筝的提线非常重要，又称为引线、要线。线拴得合不合适，是由风来检验的，拴得合适了，风筝放飞就没问题。风筝骨架做得再好，线拴得不对，风筝一样无法飞行。线拴在哪里、角度如何全凭手艺人多年做风筝和放风筝的经验，这种经验和感觉是通过多次实践积累而成的。

线的调整可以弥补风筝自身的缺陷。比如我们做的风筝，骨架有些不平整，可以通过调整线的角度、长短来达到相对理想的放飞效果。线在这里就起到平衡风筝的作用。

我们把提线拴接点叫做提线点。这个点必须取风筝在受压时最合适的施力点。这个施力点是由一根或多根提线组成，然后再连接在风筝的牵引线上。提线必须拴在风筝重心的上方，这样才能在受风后，使拉力和风筝本身的重力达到平衡的状态。

根据起飞原理，风筝受到气流阻力的主要面积和骨架交接的地方，是拴提线的主要施力点。气流受到风筝的阻拦，向风筝的两端和下方流去，风筝骨架交接处，是副施力点。如果装饰面积比主要部分的面积大，那么中心棍和对称的两个点也是副施力点。拴在这几个点的提线我把它们分别叫做主线、副线和等线。

提线的拴法有很多种，这主要是由风筝的形状和性能来决定的。有的用一根提线就够了，有的要用多根。提线的位置也各不相同，比如，有些有尾巴的风筝，它的施力点必须往上移。这样，风筝迎风的角度变大，气流顺利流过风筝表面，克服了重力，让尾巴起到一个稳定的作用，飘向后方。

下面就介绍几种提线的拴法。

（1）一根提线风筝

比较有代表性的风筝有软翅类的鹰和立体类的门灯。以鹰为例，鹰风筝基本上是一个倒三角形。它的翅膀是对称的，受风很小，而且又是单层的。它的尾巴主要起稳定作用。它的提线拴在身体上离头三分之一处就可以了。

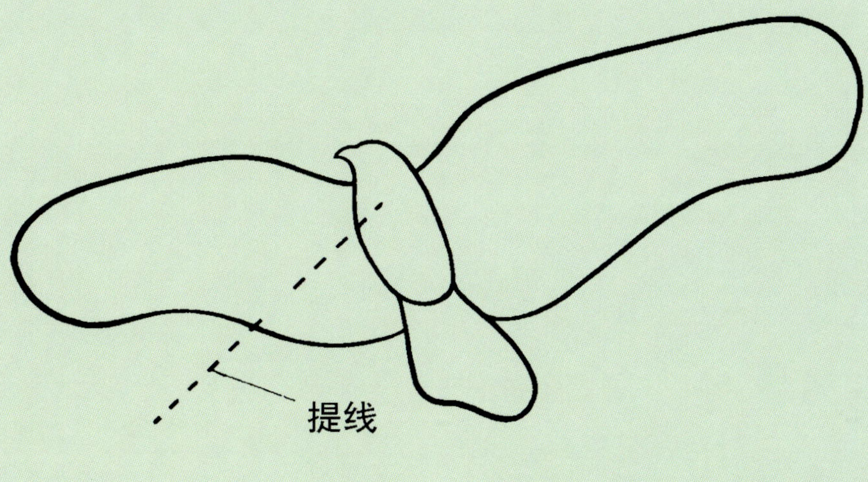

≫ 一根提线鹰风筝

（2）两根提线风筝

这种拴法多用在伞翼类的风筝上。伞翼类风筝的中心棍强度最大，在飞行中起主导作用，人字形的横条只起支撑作用。上面的小三角形是主要受风区，人字形横条两边以下是主要的卸风区。下边的长方形起稳定作用。它的提线一般在中心棍和人字棍交接处拴一根，中心棍往下的五分之三地方拴一根，然后把这两根线系在一起。

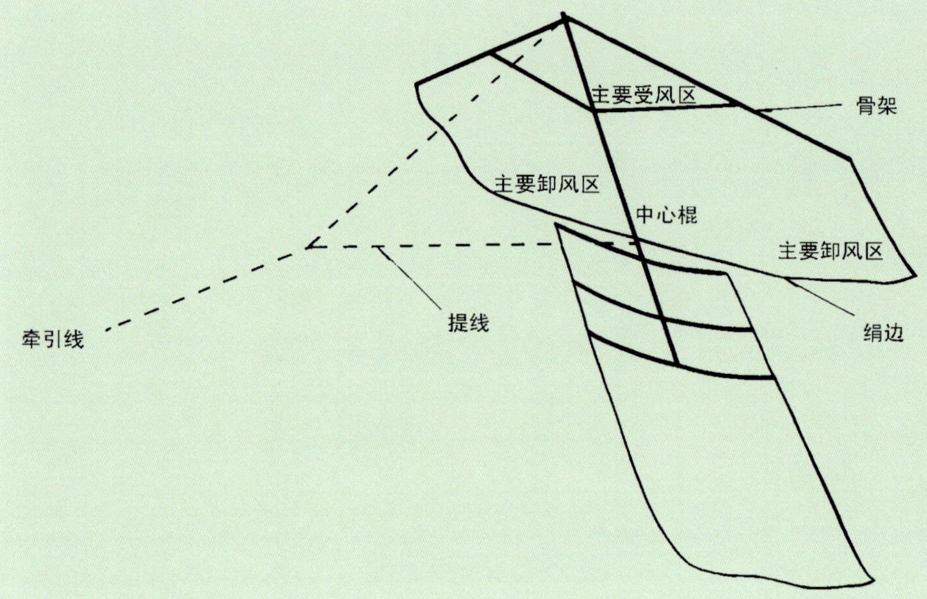

两根提线伞翼风筝

（3）三根提线风筝

这种拴法多用在软翅蝴蝶和硬拍子类上。蝴蝶风筝每只翅膀都可以拆卸，组装起来后，主要靠上边的两个翅膀飞行。飞行的时候受风吹压，翅膀向后卸去。上边的两个翅膀和肚子的插座强度最大，也是带动全身的主要部分。所以左右插接的地方是主要的拴接点，下翅膀的两个插接处的中间作为副拴接点，把这上边两根下边一根系在一起就可以了。

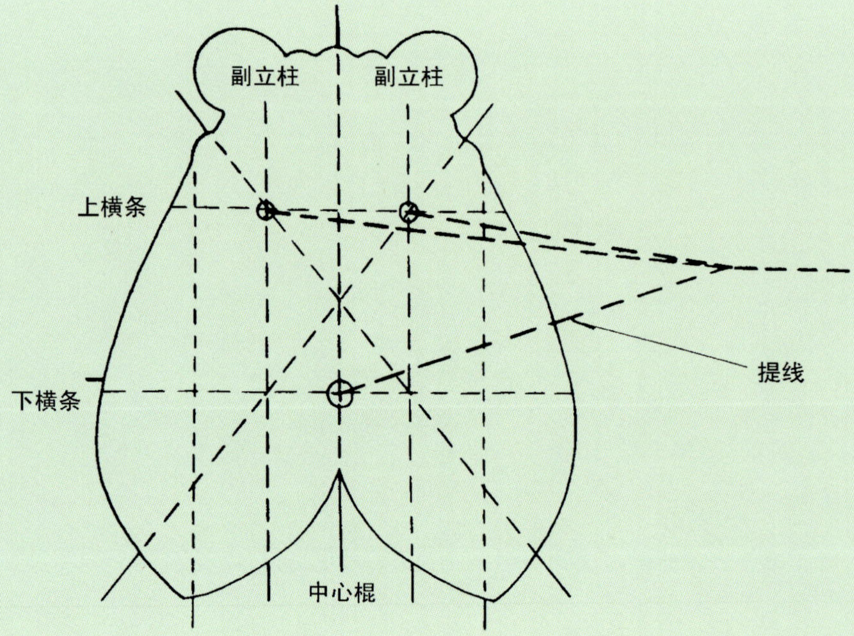

三根提线蝉拍子风筝

（4）四根提线风筝

这种拴法用在硬翅花篮上。花篮风筝上膀条左右各拴一根线，下膀条中间也拴一根线。另外，因为造型的需要，花篮的提梁超出了比例，这样上膀条以外装饰部分受风面积增大了，风筝在飞行中就会出现不稳或者下坠的情况。这就必须在提梁上加一根提线来控制多出来的装饰部分，又称等线。

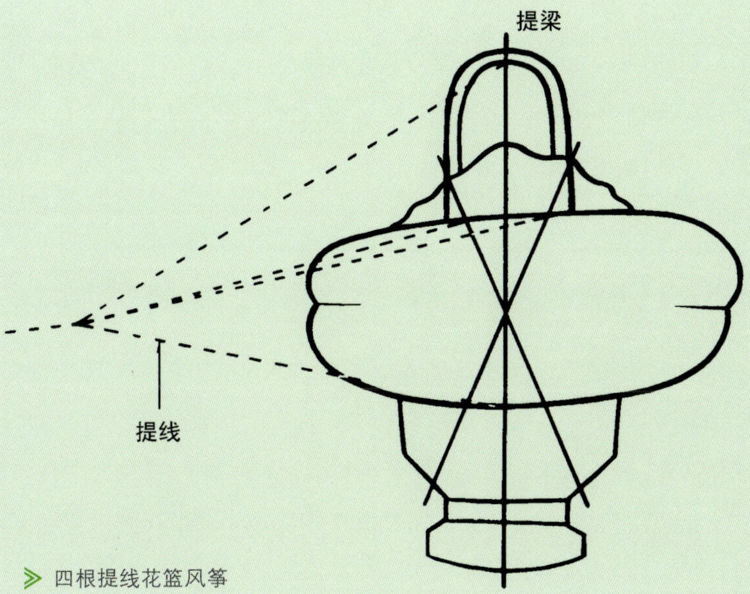

四根提线花篮风筝

（5）四根以上提线风筝

提线在四根以上的风筝，必须要按照各种风筝的规格放大或者形状的改变来确定拴接点的位置。像多层硬翅类单字风筝和组字风筝，这种风筝由多硬翅组成，每层硬翅都有带动风筝的作用，每一层膀条的施力点和副施力点都必须拴提线，然后再把它们拴在一起。我家的鲶鱼风筝就拴了5根提线。我还在日本见过没有尾巴的软拍子风筝，有的需要拴几十根提线呢。

在正常情况下，风筝的提线都是对称垂直的，但有时风筝的骨架强度有误时，我们可以通过调整线来达到放飞风筝的目的。风筝往哪边歪，就把同侧的提线缩短。我以前做过一个由“中国风筝”4个字组成的立体风筝。这4个字笔画不一样，造成风筝不平衡，调整了提线以后，风筝可以飞行，却是歪着的。通过调整提线，不平衡的风筝一样可以飞行。

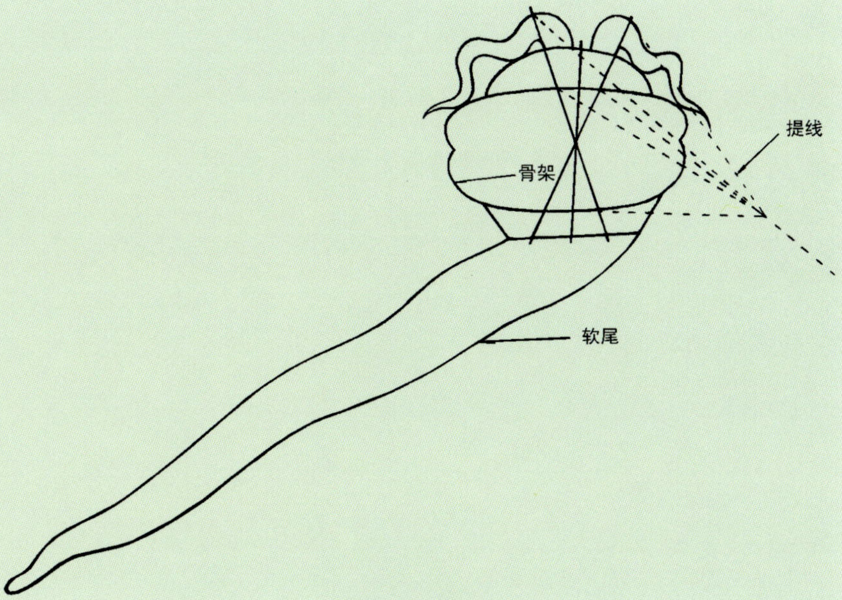

五根提线鲶鱼风筝

2. 连接线

在做串类风筝时，对连接线有要求。这个风筝从前到后，对所使用的连接线的粗、细和强度都有要求，必须是前面的线强度大，粗一些，后面的线强度弱一些，可以细一点。我收藏了一位日本人送我的大约350米长的“屁帘”风筝，就一根线拴着，前端线的强度大约是后面线的两倍。

我们在拴串儿燕子风筝时，每根线都是事先拴好的，角度也都是设置好的。但是串龙就不是这样了，串龙的线是直的，要求两边对称。在拴串龙时，还要注意线本身的弹性，稍微不注意就会造成风筝两边不对称，影响飞行。在拴串龙时，除了借助工具，最重要的还是要凭借手感来拴线。

◆ 3. 牵引线

放风筝的线也有要求，线的粗细也是和风筝的大小以及风的强度有关系的。我去放风筝，一般带三种线，一种线是放小风筝的，一种是放3尺的，再一种是放4尺的。再大的风筝还要用强度更大的线。

◆ 4. 线车

风筝不可能在四合院里放，没有风，有风也是旋转的，必须在高空才有风。要想在四合院里放风筝，就要借助辅助工具。一手拿一根一米多长的、一端拴有铁钩的竹竿，一手拿着线车，风筝的线挂在竹竿前面的铁钩上，用竹竿把风筝送到一定高度，才能放飞。

绕着风筝线的“线桃子”，北京一般是两齿、四齿、六齿的，我家都是用六齿的。潍坊的线桃子上面的齿是弯的，比较科学，可以存的线多，北京这边的都是直的。最好的线车有红木的、镶嵌的、雕刻的，一般我们用的都是硬木的，很讲究。

我现在存的最大的线桃子，我们叫“二人抬”，直径有30厘米，长度大约有50—60厘米。一般线桃子都是单把儿的，我存的是双把儿的，是两个人抬着的，所以称“二人抬”，就为了放大风筝用的。

本章小结

采访哈亦琦都是在他的家中进行的，为了女儿上学方便，哈亦琦一家三口都暂居在一室一厅的房子里。让我印象深刻的是他放在客厅里的书柜，和那张长不及一米的小桌，很多精美的风筝都是在这张小桌上制作完成的。哈亦琦现在制作的风筝大部分都在一尺以里，所以这小小的桌子足够他“施展拳脚”了。那天他戴上老花镜，一边专注地制作手中的风筝，一边认真地讲解如何制作。这个过程让我终于体会到了什么是真正的口传心授，也更深刻地感受到这样的技艺并非一日之功，靠的是常年的累积与磨炼。

注释

[1] 哈家专有名词。
[2] 膀尖，就是上、下膀条交叉绑扎后形成的角度。

第四章

哈氏风筝的工艺特色与文化内涵

本章综述

采访地点：北京西直门外哈亦琦住处
受 访 人：哈亦琦
采 访 人：任晓姝

本章哈亦琦为我们总结归纳了哈氏风筝独有的工艺特色和画谱文化。哈氏风筝历经百余年的发展，形成了自己特有的造型、色彩和绘画特点。哈氏风筝在装饰图案上既有细腻典雅的特点，也有粗犷夸张的民间趣味，这种雅俗共赏的艺术特色一直延续至今。哈氏风筝最有特点的就是瘦沙燕，哈亦琦在总结前人的制作经验的基础上，使得瘦沙燕的造型更加完善，图案更加丰富。

哈氏风筝发展至今，风筝画谱有250多种，哈亦琦希望通过绘制画谱把哈氏风筝的经典图案全部记录和保存下来并捐献给国家。哈亦琦说父亲生前最想做的事情之一就是把画谱全部画完，现在担子他接下来了，不论如何都要把这几代人传下来的画谱整理好，为后人传承和研究哈氏风筝提供更为详尽的资料。

一、哈氏风筝的工艺特色

哈氏风筝从曾祖父首创，到今天已经有一百多年的历史了。这一百多年中，经过我们祖孙几代人的总结和完善，在下面的6个方面形成了哈氏风筝独有的特色，我分别详细地讲一讲。

（一）造型特色

首先是造型特色。造型是建立在骨架结构的基础上的。我的父亲哈魁明将哈氏风筝从造型上进行了分类，他根据各种风筝骨架结构和放飞条件将哈氏风筝分为8大类：硬翅类、软翅类、硬拍子类、软拍子类、软片类、伞翼类、串儿类和立体类。这是父亲多年经验的总结。

父亲很少做小风筝，他对小风筝的体验并不多。我做风筝至今已有30年了，根据多年制作和放飞小风筝的经验，对软片类风筝有了一些新的体会。我发现它在制作原理上和软拍子类风筝基本相同，决定两者抗风差异的关键是材料，只要选择强度适合的材料，小风筝一样可以在大风里很好地飞行。因此，我就将软片类风筝归纳到软拍子类风筝中，形成7种主要类型：硬翅类、软翅类、硬拍子类、软拍子类、伞翼类、串儿类和立体类。

在制作风筝的过程中，造型和骨架的结构是分不开的。我们根据风筝的造型和题材，选择骨架的结构。每种题材有专门的骨架结构来适应。

风筝按不同题材与基础骨架结合，一般可分为下面这些方式。第一，人物、器具、鸟兽和花卉，这些题材都可以和米字型硬翅基础骨架结合。第二，仿生飞禽、昆虫和人物，适合分上、下翅的软翅类基础骨架。第三，各种吉祥图案可以和硬翅沙燕型骨架以及硬拍子、软拍子类骨架结合装饰造型。第四，抽象造型类题材则由各种型体、各类风筝的骨架连接出整体来。选择合适的基础骨架，在我们设计风筝造型时才可以更充分地突出主题和色彩，把风筝设计得更完美。

在设计风筝造型的时候除了题材，还必须有空间意识。风筝最大的特点就是它的空间艺术效果，即“以天为纸，在天作画”，就是要考虑到风筝在放飞时远距离的视觉效果。造型的好与坏直接影响到风筝在空中的艺术效果。根据我的制作和放飞经验，我总结了不同种类的风筝各自的造型特点。

◆ 1. 硬翅类风筝结构与造型

凡骨架中有翅膀结构，并且翅膀上、下两部分都有竹条来支撑，适宜三四级以上风力放飞的风筝都属于硬翅类风筝。硬翅类风筝按基础骨架可以分为三种，分别是沙燕风筝、米字架风筝和多翅风筝。

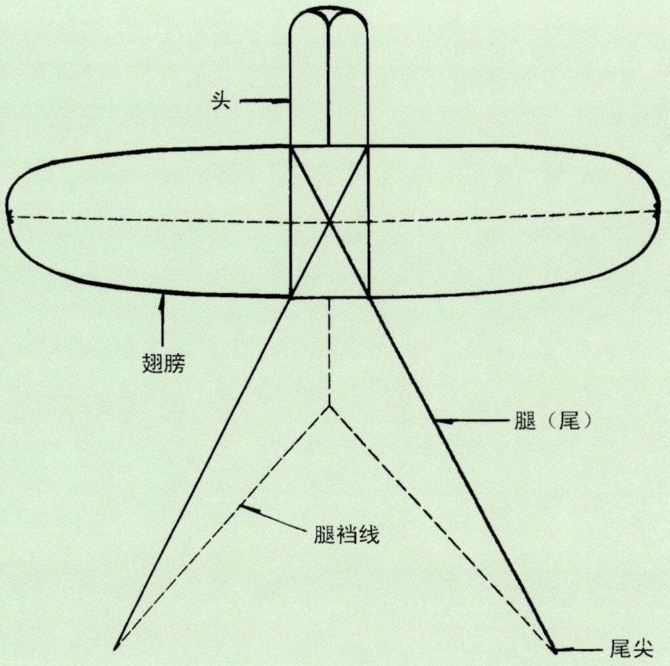

沙燕骨架示意图

（1）沙燕风筝，是由5根竹条组成的一个仿生的燕子造型。

传说硬翅类风筝最早出现的造型就是沙燕。它是依据北京城内的一种候鸟“麻燕”演化而来的，因为飞起来有沙沙的响声，所以后来就叫“沙燕”。但也有其他记载说这种候鸟名字就叫“沙燕”。这种鸟夏天和秋天在老北京城内的上空飞行，现在已经看不见了。

硬翅是指由上、下两根竹子组成的翅膀，沙燕的飞行全靠翅膀。沙燕风筝又分瘦燕和肥燕，后来还出现了比翼燕和娃娃燕。它们的造型比例不同，瘦燕窄长，肥燕宽大，身上用吉祥图案装饰。

哈氏风筝最有特点的就是瘦沙燕。瘦沙燕的骨架有一定比例，其中头宽是翅膀长度的十分之一，头的高度要小于翅膀的高度，瘦沙燕的头部、裆和腿的长短以美观和风筝造型来定，腿的角度是固定。沙燕的头本来是上下一样宽，但是为了视觉上的美观，就把沙燕头部的顶端做得略微宽一些。曹氏风筝是把风筝头做成馒头形，我们哈氏的传统沙燕也会做宽些，但很少有这种造型。

我们哈氏瘦沙燕制作各部分的尺寸比例是靠多年制作风筝的经验总结传承的。比如，瘦沙燕翅膀要是长三尺，那腿就长二尺五左右，翅膀的高度是翅膀长的五分之一。我们做大风筝和小风筝比例都按

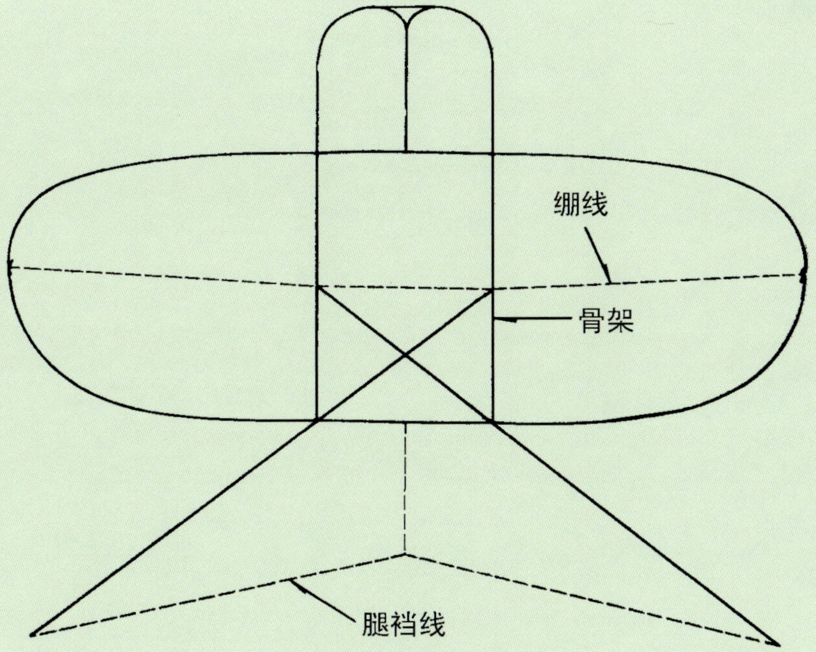

肥沙燕骨架示意图

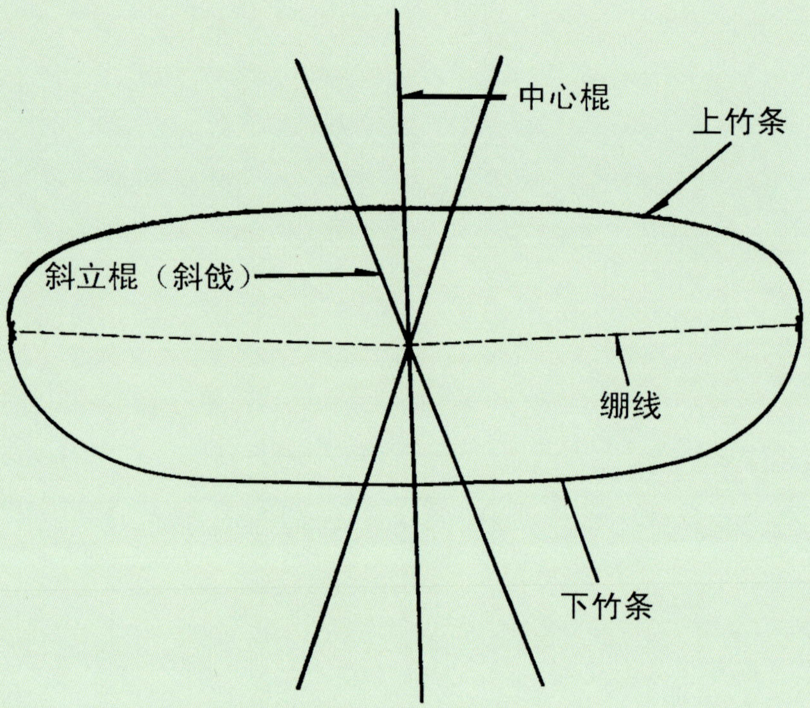

米字架风筝骨架示意图

这个来，哈氏传统沙燕很少做小尺寸的。父亲教我三尺风筝的尺寸是“三尺的膀条，肚子宽三寸、高六寸，头高五寸四，裆是四寸三，腿是二尺五”。这个尺寸从我开始学做风筝到现在一直没变过，按照这个尺寸做的沙燕飞行效果特别好。瘦沙燕的下小膀收尾处，和裆底一边齐，上小膀和头的距离与头部一边宽。我们平常做风筝不用厘米计算，都是用寸、尺、丈来计算（一尺等于 33.3 厘米）。这些规定在我们哈氏风筝中已经是固定不变的程式化的东西了。

父亲和我讲要避讳做单数尺寸的风筝，除了三尺的，其他单数尺寸都不做。我们家风筝规格有二尺半、三尺、四尺、六尺、八尺、一丈和一丈二。以前一尺的风筝很少做，不是不能做，而是过去人们都放大风筝，我们做风筝也是按照市场需求来的。我现在做九寸的风筝，是因为装镜框大小合适，这个尺寸过去我家没做过。

（2）米字架风筝。这种硬翅风筝的基础骨架由五根竹棍组成，中间骨架是米字形，我们叫米字形基础骨架。米字型风筝适应的题材范围比较广，如人物、器具、鸟兽、鱼虫等等都可以。

米字型风筝的很多造型处理是对称的，主题图案超出膀条以外的部分，要按设计的画面把边缘部位做出骨架来，但装饰部分的面积不能过大，否则就会影响正常的飞行。

人物造型，包括各种传说中的仕女、仙人、历史人物，可以是单人也可以是多人造型。首先把人物安排在骨架的中心部位。人物造型之外的空间，就是翅膀的空白可以画上和主题相关的道具背景图案。

① 器具造型，包括各种传统的带有吉祥寓意的器具图案。器具造型的特点是翅膀的空白处要画满与主体器具图案相关的装饰图案，或者尽量少留空白，使器具本身的形状与两翼组合成一个整体。

②鸟兽、昆虫造型，包括各种飞禽、昆虫以及兽类动物。如飞鹰、凤鸟、蝙蝠、虎兽类，还有昆虫中

≫ "和合二仙"（96 厘米 × 110 厘米），哈亦琦 1983 年制作

的蜻蜓、蝴蝶等。这一类造型变化很多，都可以利用米字架来设计。米字型的两翼可以根据飞禽、兽类、昆虫的自然形态来设计造型。这一类的风筝造型可以在两翼处添加装饰图案，不留空白，达到装饰性强的视觉效果。

（3）多硬翅风筝。这类风筝是由两层以上的硬翅组合制成的，造型手法一般采用写实和具象相结合，

哈亦琦 2007 年制作的黄蝴蝶硬翅风筝(17 厘米 × 17 厘米)

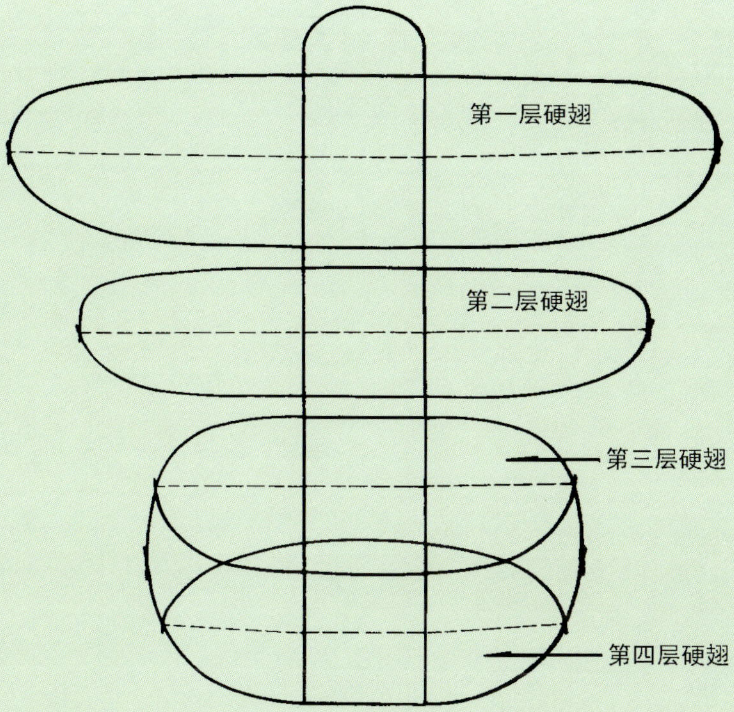

硬翅风筝骨架示意图

多用吉祥文字作题材。这种文字硬翅风筝出现得很早，清末天津杨柳青的年画中就出现过喜字形风筝的图案。

多硬翅造型风筝排列组合有好几种：有的是用同等长度和宽度的硬翅来排列组合；有的是用长短规格不等的硬翅排列组合；有的是用方向不同的硬翅排列组合；还有对称的排列组合。这些硬翅组合造型有程式化的规律。在设计多硬翅风筝的造型时要考虑到主要硬翅骨架与次要起飞骨架的关系，一般是骨架强度大和小的关系。我们先要按造型设计，选出面积大的硬翅作为主骨架，充分利用它面积大、浮力大、骨架强度大的特点，承担飞行的主要功能。

2. 软翅类风筝结构与造型

软翅类的骨架集中在中间部分，就是肚和两边的翅膀。凡是骨架中有翅膀并且翅膀上部用竹条支撑而下部不固定的，都属于软翅类风筝。通俗来讲就是风筝的翅膀上面有竹子，下面是软绢的，或者是纸边的。这类风筝的造型设计变化多样，但都不脱离基础骨架。

软翅风筝适应风的强度比较小，适宜4级以下风力放飞，因为它的翅膀有一半是没有骨架的，在放飞的时候这部分翅膀就会将一部分风卸掉。一般软翅类的风筝都不会超过5尺[1]，如果超过5尺，那么风筝受风而产生的阻力和卸掉的风力就会互相抵消，产生的浮力减小，风筝很难放飞，或者放飞角度小。

软翅类风筝过去在题材上大都是鸟兽、飞禽，现在也有人物造型的了。哈氏比较经典的软翅类风筝是彩蝶和蜻蜓这两种。根据不同的题材，我们可以有意识地将骨架中间部分加长或是变宽，两翅的外形也可以变化，有曲线造型、直线造型，或者是曲线与直线相结合的造型。除此之外在头部和尾部可以加上装饰性造型，形状可圆可方，变化形状比较多。软翅类风筝的造型根据基础骨架分为以下几种。

（1）单层软翅风筝

单层软翅类风筝包括风凰、鹰等造型。风凰是根据传说中形象来设计的，两侧的翅膀向上翘起与身体结合。风凰的身体是装饰造型的中心，头部、尾部和两翅造型相互呼应，可以在制作时使用夸张的装饰图案。风凰的整个身体是半立体的形状，头部为“鸡头”式，尾部是鱼尾造型。

哈亦琦1984年制作的多硬翅“喜”字风筝（250厘米×160厘米）

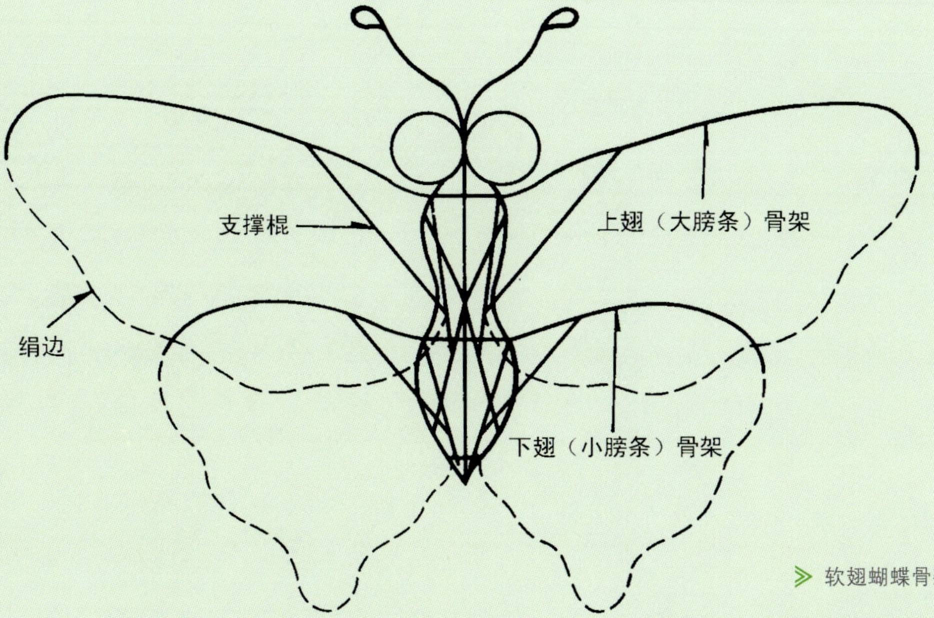

软翅蝴蝶骨架示意图

哈亦琦1984年制作的锦鸡风筝(194厘米×220厘米)

鹰的造型和真实的鹰相差无几，是以写实为基础加以设计的。中间身体部位是立体与半立体相结合的造型，两翼的顶端以骨架支撑画面，羽毛的绘制力求达到真实的效果。

（2）双层软翅风筝

这类风筝多用来做双翅的昆虫，如蝴蝶、蜻蜓等。它是随着写实的蝴蝶、蜻蜓的比例关系来变化造型的。有的是写实的，有的是在写实的基础上加上夸张、变形的装饰。双层软翅类风筝有外形变化和外形以内变化的区别。比如，活动的眼睛、加在尾部可以旋转的装饰以及翅膀下面的软边儿，在空中会有栩栩如生的动态美。

双层软翅类风筝的造型变化比较多，有二方连续的外半弧外形，有向内半圆弧外形，有一大一小连续的内外半弧外形，有曲线大波纹的外形，也有几种纹饰相结合的外形。尾部有长有短，有长圆形也有尖形；

哈亦琦 1994 年制作的蓝蝶风筝（60 厘米 × 90 厘米）

哈魁明 1968 年制作的螃蟹风筝（14 厘米 × 42 厘米）

新型软翅风筝（1983 年作）

外部轮廓多样，有花叶图案化的外部轮廓，也有小的好像含苞待放的短尾外形。这些造型都是在仿生基础上变化而来的。

（3）多层软翅风筝

多层软翅类风筝包括写实和抽象两种类型。如螃蟹等属于写实类，这类风筝是根据题材的真实外形来设计的，巧妙地和多层软翅类骨架结合起来。这类风筝为了适应飞行，在原有整体外形的基础上，有意识地将各个软翅部分加宽变形。在放飞时，由于翅膀窄而长，在视觉上会有动物爬行的动态效果。

抽象的软翅风筝，比如，从上到下排列的多层软翅风筝，是由一面面窄而长的横幅彩旗排列下来组成的，整体

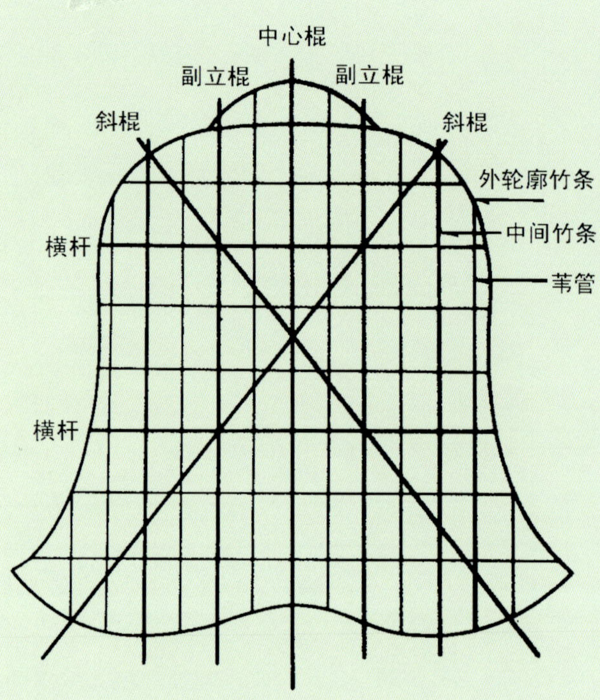

硬拍子风筝骨架示意图

的造型是一个不具有任何物象的平面形体，非常有现代感。

◆ 3. 硬拍子类风筝结构与造型

凡是中心与四周全部有骨架支撑，风筝表面是平面，风筝下端系飘带，适宜强风放飞的，都属于硬拍子类风筝。

这类风筝在潍坊和南通都叫板鹞，北方就叫“硬拍子”，也叫“排子”。“拍子”是根据它的硬度来说明的，“排子”是指这一类风筝的骨架排列。人们普遍认为硬拍子是所有风筝里吃风最大的，但根据我的实验，有的立体风筝比硬拍子吃风更强。在硬拍子中还有一种是半立体的风筝，像浮雕一样。

硬拍子是以平面为基础进行装饰造型的，要突出外形。这类风筝题材范围很广，有人物、器具、鸟兽、各种图案组合和抽象的色块组合，分为对称和不对称两种。这种风筝的造型特点就是不要背景，以独立形态的人或者物为造型。人物可以是单人也可以是多人，从中间向两边上下延伸。人物造型一般是不对称的造型，单人的造型有独立的形态美，多人物造型就不如单人物造型的效果突出。

器物造型一般是对称的。如钟是按写实的古钟来造型的，外形仿真，以对称的形式出现。这类风筝具有很好的远距离视觉效果，也符合风筝造型简练的特点。此类风筝在放飞时需要加上尾穗，除了适应飞行的需要外，也起了装饰的作用。尾穗有单尾、双尾、多

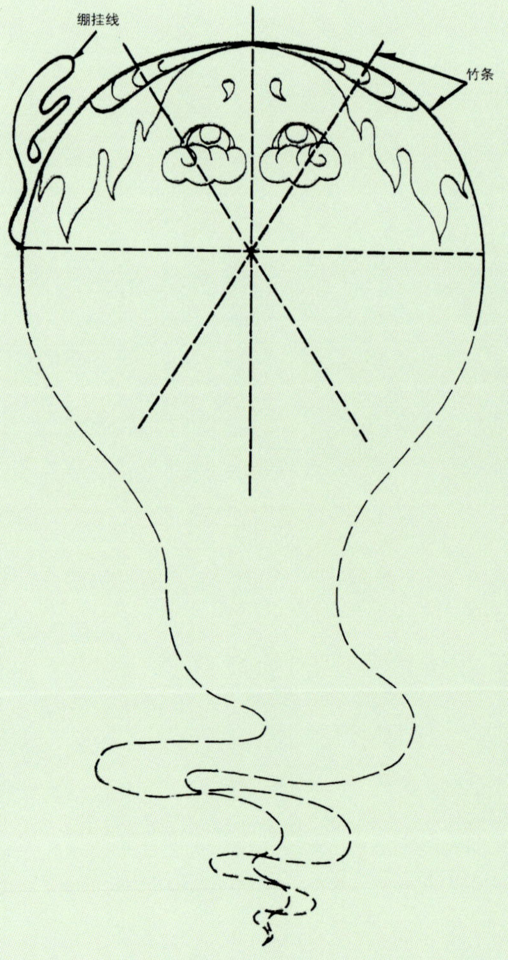

软拍子风筝骨架示意图

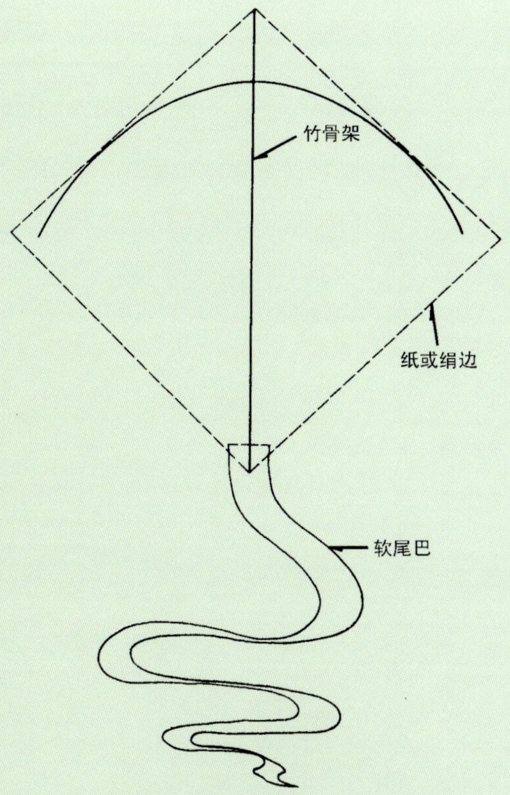

软片风筝骨架示意图

尾和连接在一起的圆尾。添加尾穗可以根据所表现的题材变化。

4. 软拍子类风筝结构与造型

凡中间有骨架而四周无骨架，用绳将骨架拉出一定曲度，下端系有飘带，适合中速风放飞的，都属于软拍子类风筝。哈氏风筝这一类的代表作是八卦风筝。

软拍子又可以分成软拍子和软片。

（1）软拍子比硬拍子适应风的范围小，不能在大风中飞行。它的结构是中间有竹子，四周也有竹子，和硬拍子差不多。软拍子中间的骨架一般都是米字架，四周的竹子去掉也能飞，但是加上这些竹子适应风的范围就大一些。比如，八卦造型，四周有竹子，它中间的空隙处没有插苇子，适应在中速风中飞行。软拍子的尾巴一般起到下坠的作用，尾巴的材料是棉线或是长纸条、纸穗。

（2）软片是指小型风筝，和软拍子制作原理一样。软片是中间有竹子、四周没有。我经过反复实验，发现这种中间有竹子、四周没竹子的小风筝和软拍子能抗一样的强风，只是大小、规格不同，结构和道理是一样的。

软拍子风筝和硬拍子风筝都是以平面为基础装饰造型，只是外部轮廓不同，形式是一样的。

5. 伞翼类风筝结构与造型

伞翼类风筝可以看成是软翅类和软拍子类风筝的一个组合体，上部分骨架是三角形的软翅骨架，下部分是软拍子类骨架。这一类型的风筝一般造型比较简单，但绘画空间大，彩绘图案

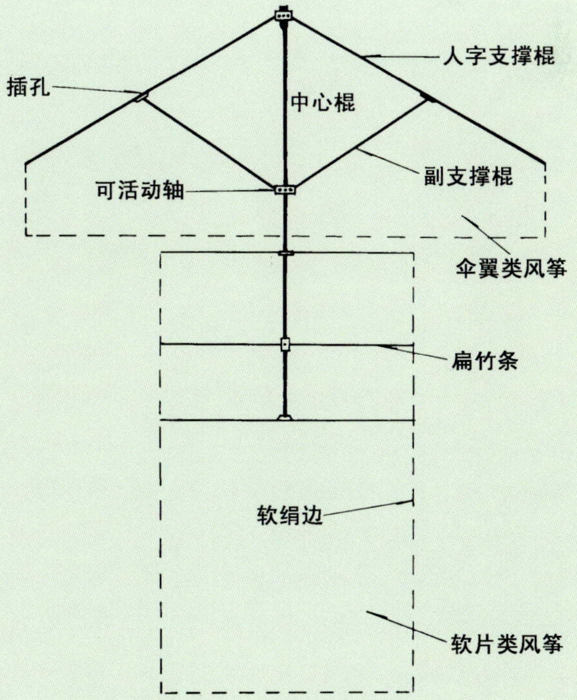

伞翼类风筝骨架示意图（一）

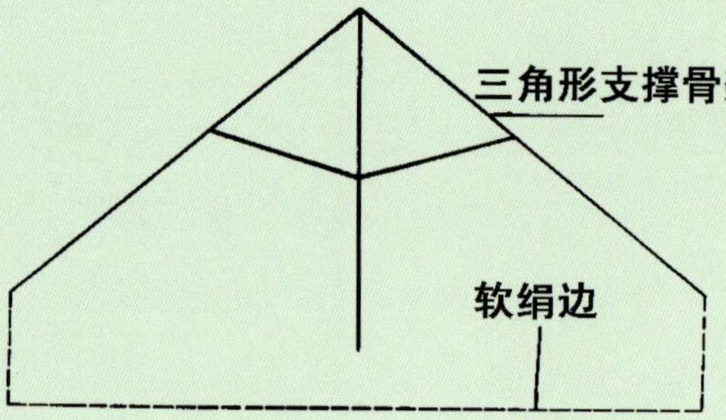

伞翼类风筝骨架示意图（二）

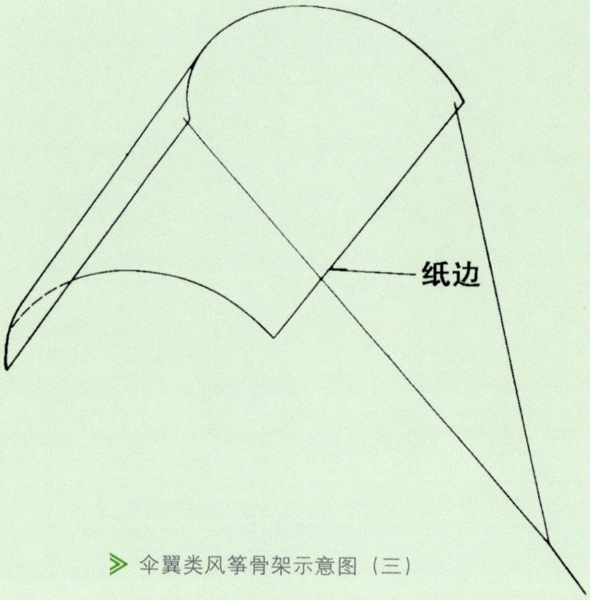

伞翼类风筝骨架示意图（三）

一般为人物类。

（1）伞翼类风筝分为两种，第一种没有骨架。伞翼类风筝的雏形就是在质地比较硬的纸上拴两根绳，它放飞的角度和高度要看当时的天气情况。现在国外很多风筝没有骨架，形状各异，但都属于伞翼类。

（2）第二种就是特指有100多年历史的、哈氏的伞翼类风筝，也叫“打伞儿”。这种风筝的外形像伞，可以拆卸，携带也方便，放风筝时，再组装起来就可以了。实际上这种伞翼类和第一种没有骨架的伞翼类放飞效果不同，制作原理也有区别，应该属于软拍子类，但根据中国传统的视觉习惯，就将它归入伞翼类里了。

传统的伞翼风筝造型分为上、下两个部分，上部分是角度很大的三角形，下部分是长方形或是锥形。这种伞翼风筝的骨架可以折叠，外形就像一个人撑着雨伞一样。这种风筝的表现题材多种多样，可以根据设计的需要进行小的变化，多是下半部分的

哈亦琦1996年制作的文判伞翼风筝（133厘米×74厘米）

变化。下部分的设计可以根据题材来改变局部轮廓的造型，又叫做“伞翼画”。

另外，非传统类的伞翼风筝，造型是多种多样的，尤其是无骨架的软体伞翼风筝。这种伞翼风筝由单层、双层和多层的长方软立体组合翼面，升空后自然充气成形。这类伞翼造型大小不一，有上宽下窄形状的，有月牙形状的，也有排箫形状的，基本上都是用直线条造型的抽象形体。

6. 串儿类风筝结构与造型

串儿类风筝是由几个、几十个甚至更多不同类别的风筝串连而成，规模越大，放飞所需风力就越强。串儿类风筝的代表作品有串燕、

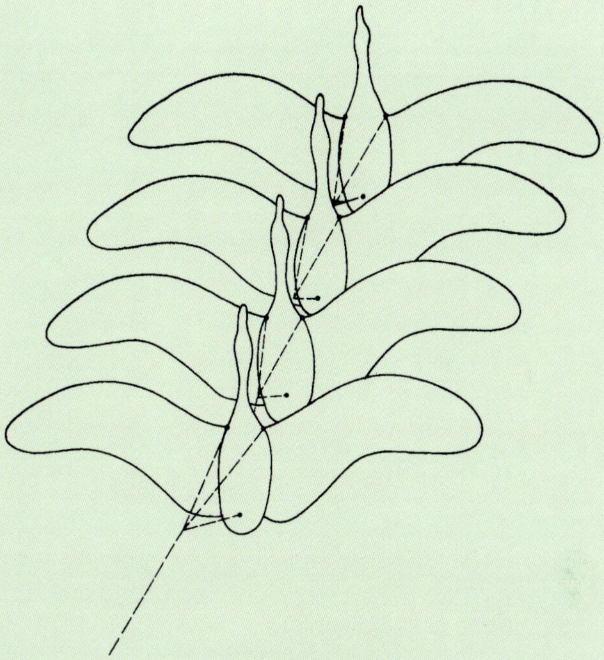

串燕骨架示意图

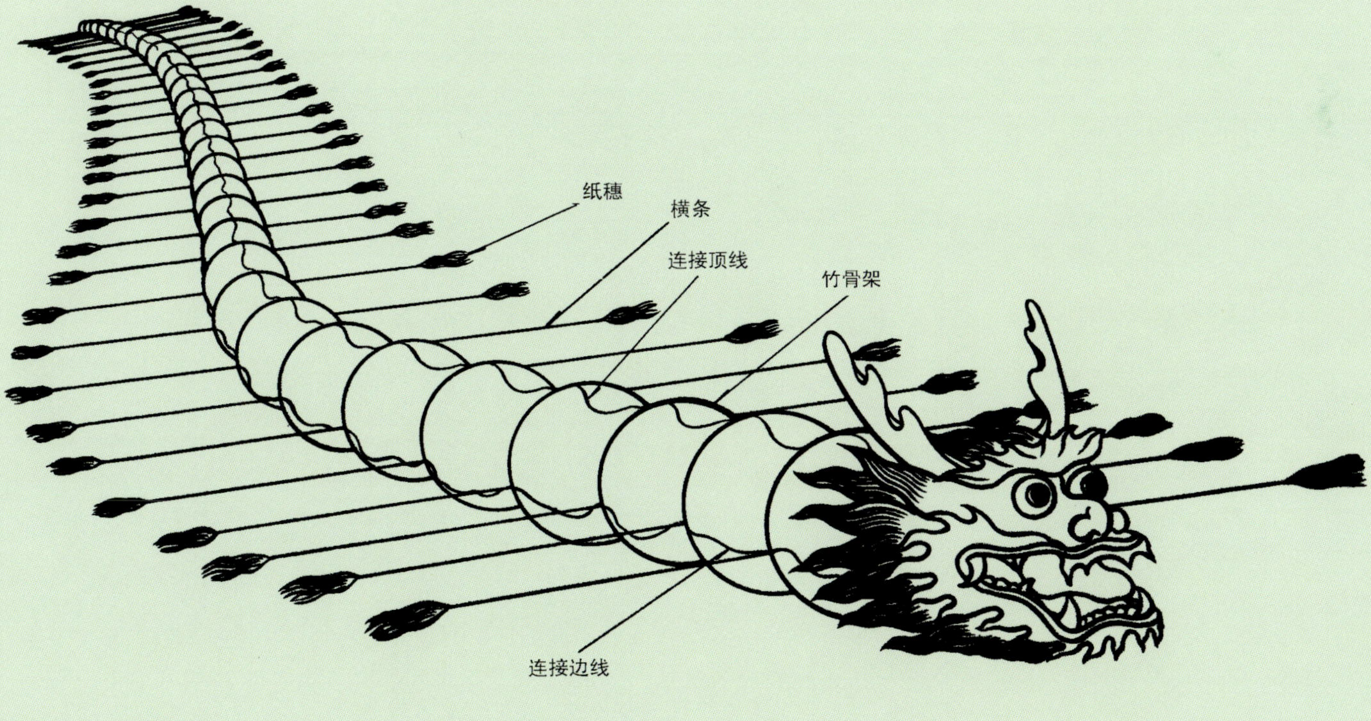

龙头蜈蚣骨架示意图

哈亦琦和他制作的龙头蜈蚣风筝

万国旗、龙头蜈蚣等。

以前的串儿类风筝也就是连着几十个风筝，现在的串儿类比较长了，我听说在贵阳的国际风筝会上曾经有一个串儿风筝，能有600多米长。

串儿的连接是需要技巧的，有的是用一根连接线连接的，有的是用多根连接线来连接。比如，一个用一根线来连接的串儿风筝，对风筝和连接线的要求都不同。串儿前面的第一个风筝要带动身后几十个或上百个风筝飞行，它的骨架强度是要加倍的，其中连接线也是前粗后细，才能适应放飞的需要。

串儿类风筝的造型有具象装饰和抽象形体两类。串儿风筝中对每一处装饰图案的夸张，都是为了突出串儿风筝的整体特点。它与单个风筝的造型有很大区别，串儿风筝不仅要考虑到每个风筝的造型，还要注意整体的连贯性。一切装饰都要为整体造型服务，达到整体造型的完美效果，这就是串儿类风筝的造型特点。

比如，龙头蜈蚣就是用龙头和若干的圆片连接而成的。每一个圆的中间都有一根两边带穗的横棍——起着平衡的作用，这些夸张变形的圆形连接起来就组成蜈蚣的身体。龙头是立体造型的，头顶佛山起伏，龙角向后向上翘起。双眼圆睁后陷，可以转动。鼻子部位是鹰勾造型，须发是自然飘起来的。龙嘴微微张开，嘴角处带着飞行中的火焰，显示出不怒自威的神态。

龙筝（1986年作，现存于比利时国家博物馆）

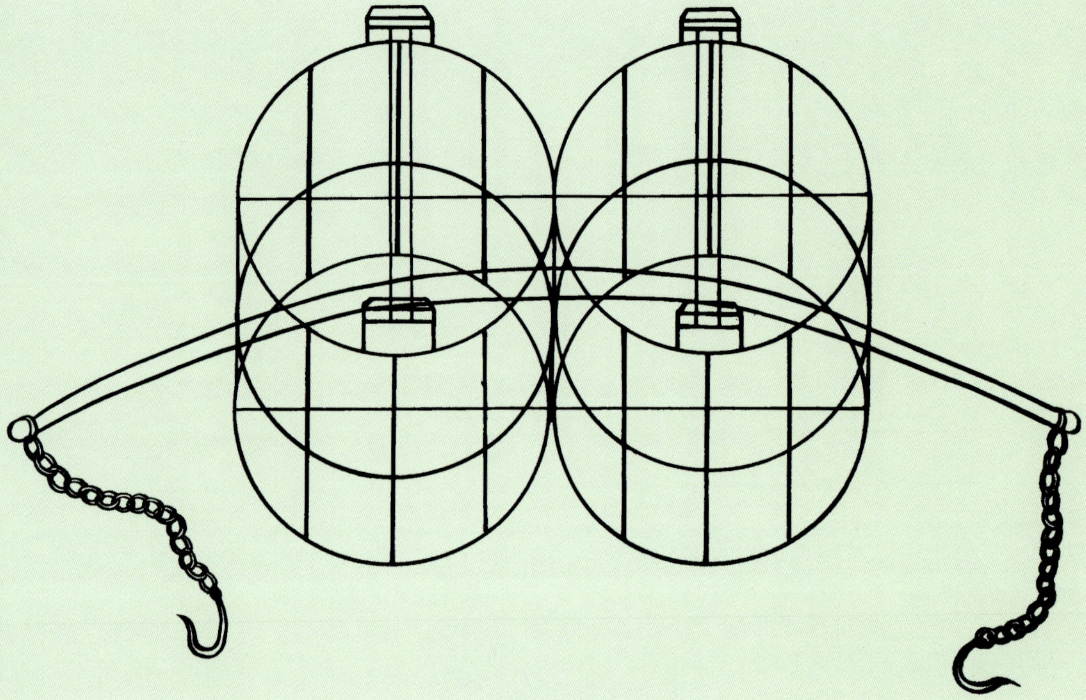

双水桶立体骨架示意图

我在1986年做了串儿类风筝龙筝，它和传统的蜈蚣风筝制作方法是不同的，龙筝的制作成功，填补了串儿类风筝制作的一项空白。

传统的蜈蚣风筝做法是拍子类的连接组合，必须带有平衡的横棍和边穗才能飞行。龙筝是用硬翅与串儿类风筝结合制成的，不带有横棍和边穗也能飞行，龙筝从骨架结构到外部形态都比传统的龙头蜈蚣风筝优越，而且龙筝放飞的效果非常逼真，就像龙在天空中盘卷翻腾一样。我那年做的龙筝现在藏于比利时国家博物馆。

7.立体类风筝结构与造型

立体类风筝是由几个、几十个或是更多的平面或弧面骨架相互连接组合而成，此类风筝或是写实器物，或是立体图型。立体类风筝，北京俗称筒子类风筝，比较传统、典型的造型有鸟笼、水桶和双宫灯。与我国的立体风筝相比较，西方国家的立体风筝更抽象一些。

通过实验我发现，立体类风筝适应风的范围与硬拍子差不多，不怕大风。但立体类风筝在小风中不容易飞行，因为它本身的重量就大，小风的时候就需要改变自身骨架和材料的强度。

立体类风筝有长方体、正方体、圆柱体、锥形体、球体和各种形体进行排列组合的抽象立体风筝，还有由各种面组合而成的具象立体风筝。有的立体风筝造型写实生动，有的造型抽象奇特。总的来说，立体类风筝在造型上可以分为5种。

哈亦琦1981年制作的空长方体新型立体风筝
（50厘米x31厘米x31厘米）

（1）立方体

立方体是由4个长方体组合成的，在立方体的造型基础上可以变化出等边立方体和不等边立方体。立方体风筝的外在造型可以利用支撑骨架和裱糊方式的变化，制作出不同的样式。比如，利用各种小块面料连接成镂空的立体形状。

（2）菱形体

可以用等边或者不等边的方面和长面组合成几何菱形体，在几个或者更多的菱形之间进行组合，也可以在菱形体的各个转角处另外做出三角形的翼面，可以按照不同的方向上、下、左、右组合翼面，做出不同的样式。

（3）锥形体

锥形体是由几种或者多种三角形、锥形、立方体等组成的形体。这类风筝有中间粗、两头尖的形状，也有一面平大、一面尖的形状。这类风筝外在形态各不相同，有的是自然宝石的晶体结构，有的锥体像马蜂窝，还有的像一组阶梯。

（4）翼面的组合

这种立体类风筝是由几种翼面组合成的具象或抽象的立体面，如帆船、飞机和飞行器，在各种长短不一、方向也不同的结构骨架支撑下，通过不同的排列方式组成各种翼面立方体风筝。这类风筝是以翼为主进行造型变化的，翼面的形状多样，如正方形、三角形以及异形等。

（5）平面体组合

这种风筝是由各种平面通过不同方向的平行、交叉或对称的排列方式，相互连接组成的。它们以抽象几何形体造型为主，有圆形组合、方形组合、菱形组合、半圆形组合等等。平面体组合的立体类风筝都是有超前意识的风筝雕塑，很有动态节奏感。

（二）用色特点

风筝的色彩与其他民间艺术的色彩特点基本相似，但也有不同之处。风筝要根据自身的造型特点和民俗特点，运用各种颜色来处理画面。比如说“龙凤呈祥”风筝，是以红色的龙和绿色的凤搭配，再用蓝色在四周衬托。“万福流云”风筝是淡灰色的云衬托着黄、红、绿、蓝、紫各色的蝙蝠，表达了多彩多福的意义。“瓜蝶绵绵”风筝用大红大绿表达夫妻恩爱、子孙满堂的吉祥寓意。

哈氏风筝的用色基本上采用对称的形式，各种色彩比重差不多，在变化中又有统一。它的色彩的发展受到民间艺术的影响，具有纯朴、豪放、明快、强烈、单纯的色彩特点，同时也受到宫廷艺术的影响，用色比较考究。经过百余年的发展，哈氏风筝逐渐形成了自己用色的特点，即色彩对比强、色彩对比艳、色彩对比纯。哈氏风筝一直比较重视风筝的远视效果，下面就主要讲一讲为了实现这个效果在色彩上的处理和运用。

风筝色彩的远距离视觉效果非常重要。风筝在空中飞行时，是处于运动的状态，会因为气流变化产生颤动，同时它还要受到日光、天气变化的影响，这样就使风筝的色彩运用有了自己独特的地方。

画风筝比较多地使用质地为酸性、碱性或透明水色的纯色，也使用水粉或其他一些颜料。很多风筝的设色都是以大面积为主，远距离视觉上有完整、鲜明的特点。这种大面积设色基本奠定了远视效果的基础。比如，在画蝙蝠、蜻蜓、蝴蝶、鱼等图案时，用透明颜色大面积铺染，或者是用渐变晕色的办法，保证主体颜色的面积和纯度。这些色彩纯度高，透明艳丽的颜色在放飞时，与外界环境色彩对比强烈，显得非常

哈亦琦在 1982 年绘制的瓜蝶风筝画谱

醒目。用透明色彩来绘制风筝，色彩纯度高，感觉又透明轻盈，最具有风筝用色特点。

风筝绘画与中国重彩工笔画的用色方法不同，风筝色彩追求纯度高、亮度高、对比强烈，就要使用夸张的设色手法。我通过观测多种风筝在不同高度的色彩变化，总结出风筝在不同高度下出现的视觉特征。在空中 10—100 米之间，风筝的色彩效果最佳；在 100—200 米之间，风筝的色彩效果慢慢减弱；200 米以上就只能看见风筝的主色了。

在绘画风筝的时候，可以利用局部颜色的变化将风筝分隔成两块或者三块的不同色块，从而丰富色彩的视觉感受。比如，红色和绿色相等或不等面积的色彩分隔，可以进行冷与暖、冷与冷、暖与暖之间的色彩对比。总之为了达到远视效果，风筝的色彩运用可以不受任何颜色的限制，这一点与其他艺术色彩形式的法则不同。处理颜色分隔时一定要注意色彩对比。

在大面积颜色中，穿插的小面积点和线的颜色也非常重要。小面积颜色可以丰富色彩层次，弥补画面色彩的不足，通过色彩的对比调和，小面积颜色可以提高大面积色块的亮度，也可以减弱过于强烈的色彩。比如，一只蝴蝶翅膀的颜色是由两块不同颜色——红和蓝组成的，两种颜色对比强烈，画面就会过于简单，缺乏层次感。这时如果使用一些中间色的线条进行勾勒，使两块颜色对比减弱，就可以起到过渡色彩、丰富画面的作用。有时还可以利用一块颜色自身从明到暗的渐变，产生出丰富的色彩效果。比如，尖灯蝶风筝的用色使用群青和紫色之间的冷暖对比，但群青面积色彩单调，又过于强烈，所以我们用白色勾勒冰纹减弱它的强度，就让构图丰富了。

总的来说，风筝的色彩有它独特的大面积设色规律，一般以一块或两块色为主，其他小色块起着陪衬的作用。想要达到理想的视觉效果，风筝的主体颜色就必须夺目。比如红的蝙蝠点缀了绿色的叶子，红色的金鱼头部有绿色的变形花的装饰，属于互补色的对比。沙燕黑白、蓝白等对比色，也是一样，黑白的远视效果又是最好的。再比如红、绿蜻蜓主体都是大面积的单一颜色，它是在写实的基础上进行了色彩夸张，颜色深，有明度，色质很纯。这几种透明色在阳光下，质地反射出一种光泽，产生亮度，经过和气流之间的摩擦、颤动，既显得栩栩如生，又有一种超越自然的美。还有龙筝的设色，一开始我就从风筝的整体色彩来布局和考虑的。它在造型上是一片片的圆桄儿连接组成的，放飞后每一片的色彩都是从正侧面和仰视来观看的，所以我就把主色面积夸大，其他面积只有主色的三分之一左右，而且不要在大面积的色块上勾勒装饰线条或者图案，那样会破坏它的完整性。

风筝的远视效果，主要是造型和色彩上突出渲染它的整体效果。风筝的用色也受自然界里动物色彩的影响，一般自然界中的鸟兽虫鱼都有自身色彩变化的规律，以及色彩的完整性。比如，一只自然的蝴蝶是以重色黑为主，穿插有黄、橘黄或者湖蓝色，基本上是两个大的色调，而筋脉的黑与大面积的黑连接在一起，统一中又有构图的色彩变化，再加上有少量橘黄等颜色的“眼”、“圆”，虽然只是两三种颜色，但它整体感强，远视效果很统一。又比如，自然界中的雄鹰，除了它的造型、神态、动作有阳刚之美，色彩也

尖灯蝶

哈魁明1982年制作的福寿蝙蝠风筝（71厘米x128厘米）

哈亦琦2006年制作的墨五龙瘦燕风筝（32厘米x17厘米）

能表现它外在雄壮的特点，突出这种动物的性格特点。它的色彩以黑灰为主，这一基调中又有着细微变化，每根羽毛由里向外逐渐变深，腹部中间上浅下深，效果非常逼真。

我再来说说各种具体的颜色。黑色在风筝绘画当中起着非常重要的作用，它可以和其他任何一种色彩搭配。从明度上看，黑是最暗的颜色，在风筝上起着衬托、统一和点缀色彩的作用。它可以通过对比使其他色彩的亮度、纯度和明度增强。因为风筝很多样式是从自然中取材，色彩就会根据自然界的原型相应变化，有大块的面积，也有小的面、细的线和微小的点。沙燕最传统的做法是用黑白来处理，就是用锅底的炭灰——又叫“锅烟子”——加上胶水调配而成的，所以我们也把这种黑白双色的沙燕风筝称作“黑锅底”。它通过点、线、面、体的疏密、大小、曲直形成了一种独特的次序感和美感。这种适当的夸张和装饰，使它的远视效果可以在几百米以外都很好。

哈亦琦 1995 年制作的橙蝶风筝（110 厘米 x140 厘米）

群青在中国古代建筑的图案中经常出现，在传统的风筝绘画中也是一种很重要的色彩。它属于冷色，是沙燕的基础色调之一，多用在肥沙燕的绘制上。群青有一种富丽庄严的感觉，用在肥沙燕上来衬托红、绿、黄等色就会有喜庆的感觉。凤蝶、尖灯蝶也常用群青作为底色。大红、中绿、黄属于暖色，在风筝绘画中用途也很广泛。可以单独使用，来画大面积的底色，也可以用在局部勾画细节。风筝上用的透明紫色又叫“玫瑰精”，它虽然是冷色，但是亮度很高，属于常用在昆虫翅膀上的大基调色。白色基本上起到的是点缀的作用，一般用来分割色彩，或者是勾勒轮廓，这在风筝绘画上被称为“提粉”。“提粉”时也可以加入黄、绿、红等其他颜色，使它也具有色彩倾向，不至于制造出“花”和“粉”的感觉。

风筝的整体色彩是来自自然，又高于自然的，它是对自然的感悟和作者自身表达的一个结合，合理地使用色彩能使风筝在远看和近观上都具有非常高的艺术价值。以自然为基础是哈氏风筝用色的一个重要依据。

（三）绘画技巧和用笔特点

风筝的绘画艺术形式有别于其他的绘画艺术形式。在绘制风筝时处理画面中的点、线和面，有很多具体的方法。有的是用线勾勒面的边缘，有的是用点和线组成面。不同的绘画方法，可以表现出不同的视觉效果，从而改变风筝的整体视觉艺术效果。

哈氏风筝的绘画方法经过我祖辈几代人的总结和归纳，传到我这一代，已经形成哈氏所特有的绘画技巧和用笔特点了。在这里我介绍一下哈氏风筝的绘画方法：

◆ 1. 单线勾勒

单线勾勒方法是采用工笔花鸟绘画技法来勾勒线条。飞禽类风筝的羽毛用这种方法画出来具有仿真的效果，在用笔时可以画直线丝毛，也可以画带有弧度的曲线丝毛。这种画线方法要在底色上进行线条勾画，效果清秀、自然，画出来的线有很强的节奏感。

◆ 2. 劈笔丝毛

劈笔丝毛就是用普通的毛笔，把笔尖向下方墩，把笔尖的笔锋压成扁平状，笔尖呈一字横排，然后向上或者向下排列劈画，形成均匀的写实羽毛效果。这种用笔方法要注意“起笔处实，端笔处虚”，形成上粗下细的

单线勾勒（哈亦琦画于1990年）

效果。

◆ 3. 秃笔丝毛

秃笔丝毛是条件比较艰苦的时候形成的一种绘画技法，以前祖辈的艺人们使用的绘画工具是非常简陋的,因为买不起好的绘画工具，就用低廉的价格买来画家用剩下的旧毛笔，进行简单的改装——剪掉毛笔的四分之三，把毛笔

劈笔丝毛（哈亦琦画于1990年）

秃笔丝毛（哈亦琦画于1990年）

剪成圆秃状、平秃状。这种秃笔可以直画，可以点画，也可以旋转绘画，利用秃笔为风筝图案进行丝毛装饰，画出来的效果和自然界昆虫的绒毛相仿，中间实，两侧虚。这是哈氏风筝经常用的风筝绘画技法之一，常用在鸟类羽毛、昆虫蝴蝶等装饰面的线和面交界处，效果生动，过渡柔和。

◆ 4. 墨骨

哈氏风筝的墨骨绘画方法是从中国写意画的技法演变而来的。在绘制线条与色彩之前，先用淡墨按照一定规律在画面上进行平涂，或者进行深浅不一的渲染过渡，把该留白的地方空出来，然后在已经染好的墨骨上渲染透明水彩。渲染透明水彩后，

笔头形状不一的秃笔

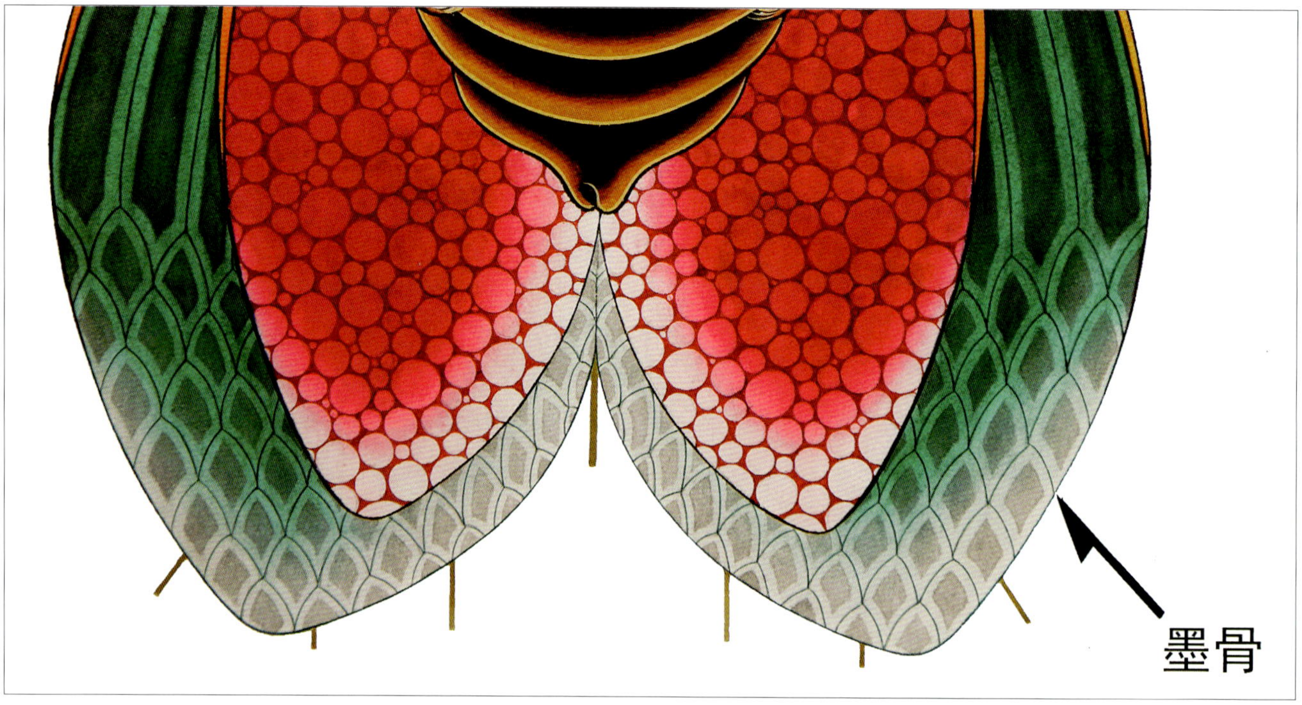

蝉硬拍子的墨骨

有墨骨的地方颜色就会重一些，画面出现深浅不一、实中有虚的色彩效果。用墨骨方法画出来的画面，装饰感强。墨骨多用于表现透明的昆虫翅膀。

◆ 5．圆的画法

在已经画好的装饰面上，用或深或浅的颜色勾成大小不同的圆，使它成为另一种图案形式。有些蝴蝶的局部图案、青蛙身上的装饰、龙头的装饰等，都采用这种画法来丰富画面。由于圆的大小不同，会有起伏有致的视觉效果，这也是哈氏风筝构图装饰的风格之一。

圆的画法（哈亦琦绘）

◆ 6．点的画法

我家很多风筝的装饰图案都是用点来处理的，在底色上使用同一种颜色（改变不同的明度)或是其他颜色，用点彩的方法，由浅入深地点画出一些大小不同的圆形块面，能够使画面层次更加丰富。比如牡丹蝶风筝的装饰就是用这种点画的方法，让每一个作为装饰的花瓣图案具有夸张的明暗层次。

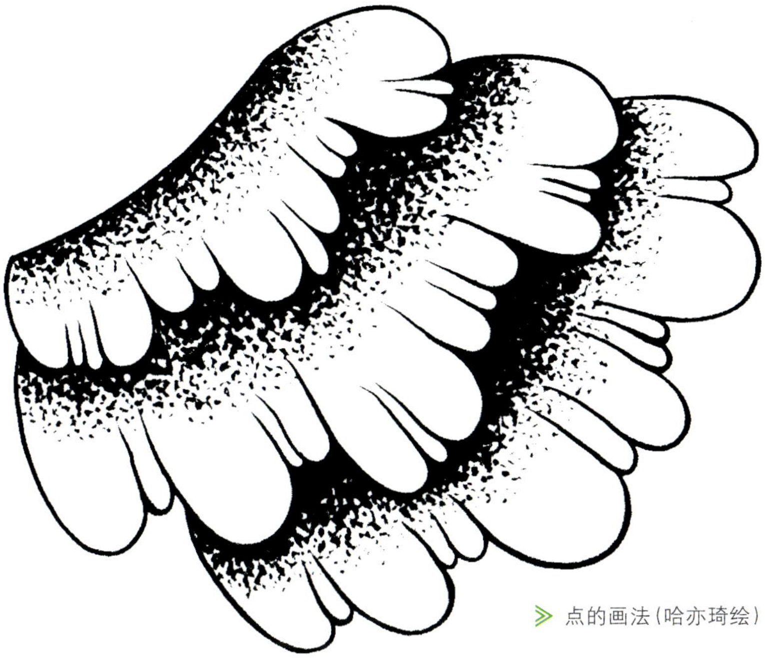

点的画法（哈亦琦绘）

◆ 7. 斑纹画法

哈氏风筝的斑纹画法是依据自然界的斑纹图案进行提炼得出的，是小块面之间的组合。在已画好的浅调颜色上，用同一色调加深勾画，在所画小块面积的四周留出一定距离的空隙，然后再用深色或是更浅的色调勾勒深色块面的边缘线，使两块颜色之间有一道明显的明暗交界线，形成斑纹的装饰图案。

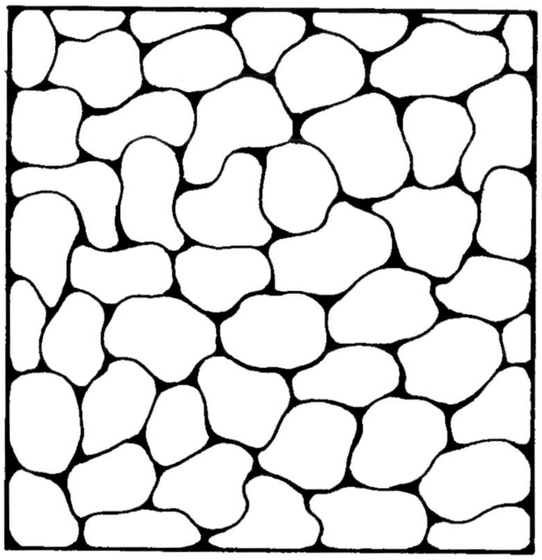

斑纹的画法（哈亦琦绘）

◆ 8. 冰纹画法

冰纹的名称是根据中国少数民族苗族制作蜡染布料而得来的[2]。风筝上的冰纹画法是把这种图案程式化、规律化了。冰纹一般是在颜色比较深的底色上，用单线勾画浅色的线条，在画面中起着统一画面、丰富层次的作用。冰纹线的纹饰有六角冰纹、三角冰纹和随形冰纹三种。

冰纹的画法（哈亦琦绘）

与前几代相比，现在哈氏风筝的绘制方法还在继续发展，风筝画面对绘画技巧的要求也更高了。面对现在产业化、商业化的发展趋势，我是把作品和产品分开来的。对于要成为产品的风筝，我会通过修改，比如，把图案简化，使色彩和造型统一，以便让它更适应批量化生产；就我自己的风筝作品来说，还是按照传统方式来制作，在绘制上力求完美。

哈亦琦2003年制作的双鱼硬拍子风筝（17厘米×12厘米）

（四）构图与布局特点

哈氏风筝的构图也有自己的特点，整体看来，就是比较丰满。具体来说，有以下这些特点。

◆ **第一，哈氏风筝的构图可以分为独立构图和整体构图。**

独立构图就是一个单独的形象，比如，蜻蜓、蝴蝶、鱼、蝙蝠、蝉等，它的骨架、色彩和构图都是一体的。整体构图包含局部构图，比如沙燕，它的整体构图是燕子，局部可能绘有鱼或龙这类吉祥图案，就是两个以上的吉祥图案加起来，一起成为整体的构图。

≫ 哈亦琦1994年制作的多硬翅红蜻蜓风筝（19厘米x18.5厘米）

哈魁明1980年制作的五合瘦燕风筝（116厘米x113厘米）

哈亦琦1986年制作的九龙瘦燕风筝（197 厘米 x175 厘米）

◆ **第二，在绘制风筝时，运用不同的色彩来达到不同的视觉效果。哈氏风筝的色彩运用分为整体色彩和局部色彩。**

在构图时先要考虑整体色彩，再考虑局部色彩，局部色彩是根据构图和所涉及的题材来安排的，局部色彩无论简单或是复杂，都不能超过整体色彩。不过也有矛盾的地方，有的局部图案和色彩受到传统的影响，颜色多并且图案复杂，远视效果欠佳。

◆ **第三，风筝绘制的局部打破和整体打破。**

比如传统风筝的“黑锅底”，就是过去艺人用锅底灰做颜色绘制的沙燕，黑锅底风筝只有黑白两种颜色，不论肥瘦沙燕，画的倒图还是正图，都有燕子的形象出现。后来风筝的图案变得丰富了，产生了局部打破的手法，就是在保留燕子的五官、尾巴、翅膀图案的基础上，按照客人的要求画上吉祥图案，比如龙凤、蝙蝠等等。我们画这些图案时不得不把燕子的爪子和腰栓等部位去掉，画上吉祥图案。

哈亦琦1988年制作的“万福流云”瘦燕风筝（22厘米x19厘米）

哈魁明所绘“万福流云”墨线图

哈亦琦2003年绘制的"喜上眉梢"瘦燕硬翅风筝画谱（31.5厘米x28.5厘米）

哈亦琦2006年制作的"九福"肥燕（正图）风筝（20厘米x23厘米）

哈亦琦 2006 年绘制的"百福骈臻"肥燕硬翅风筝（倒图）画谱 （22 厘米 x26.6 厘米）

整体打破就是仅仅保留燕子的头部和尾巴尖的图案，其他地方都画别的图案，比如我们做的"九龙燕"、"万福流云"就属于全部打破的构图。以前是因为商业需要才画这种风筝，现在已经演变成我们哈氏风筝的一种风格了。

◆ **第四，沙燕头部的正图和倒图。**

正图是沙燕的普通模式，也称正涂，即正着涂抹。因过去风筝艺人绘画时多采用大涂大染的手法，在画燕子羽毛时往往是一笔涂出，所以正图、倒图的"图"字也可以作为"涂"字理解。

倒图，就是与沙燕颜色相反，所有白色的地方涂黑，画黑地方以白色勾描，也称倒涂。虽然

哈亦琦 1996 年制作的"洪福齐天"蓝锅底风筝（20 厘米 x23 厘米）

哈亦琦2001年绘制的“九世同堂”瘦燕硬翅风筝画谱（31.5厘米x28.5厘米）

它与正图相反，但有的地方仍然和正图相同，如果正图完全相反填颜色，就会出现整体不相称现象。所以在有区别的地方和空隙比较大的地方，该添花的添花，该改形状的改形状，为的是花地调匀，达到远近都有良好效果。近效果，就是它要细致，能吸引人的视线；远效果，以花地均匀、清楚为主，远看也能见

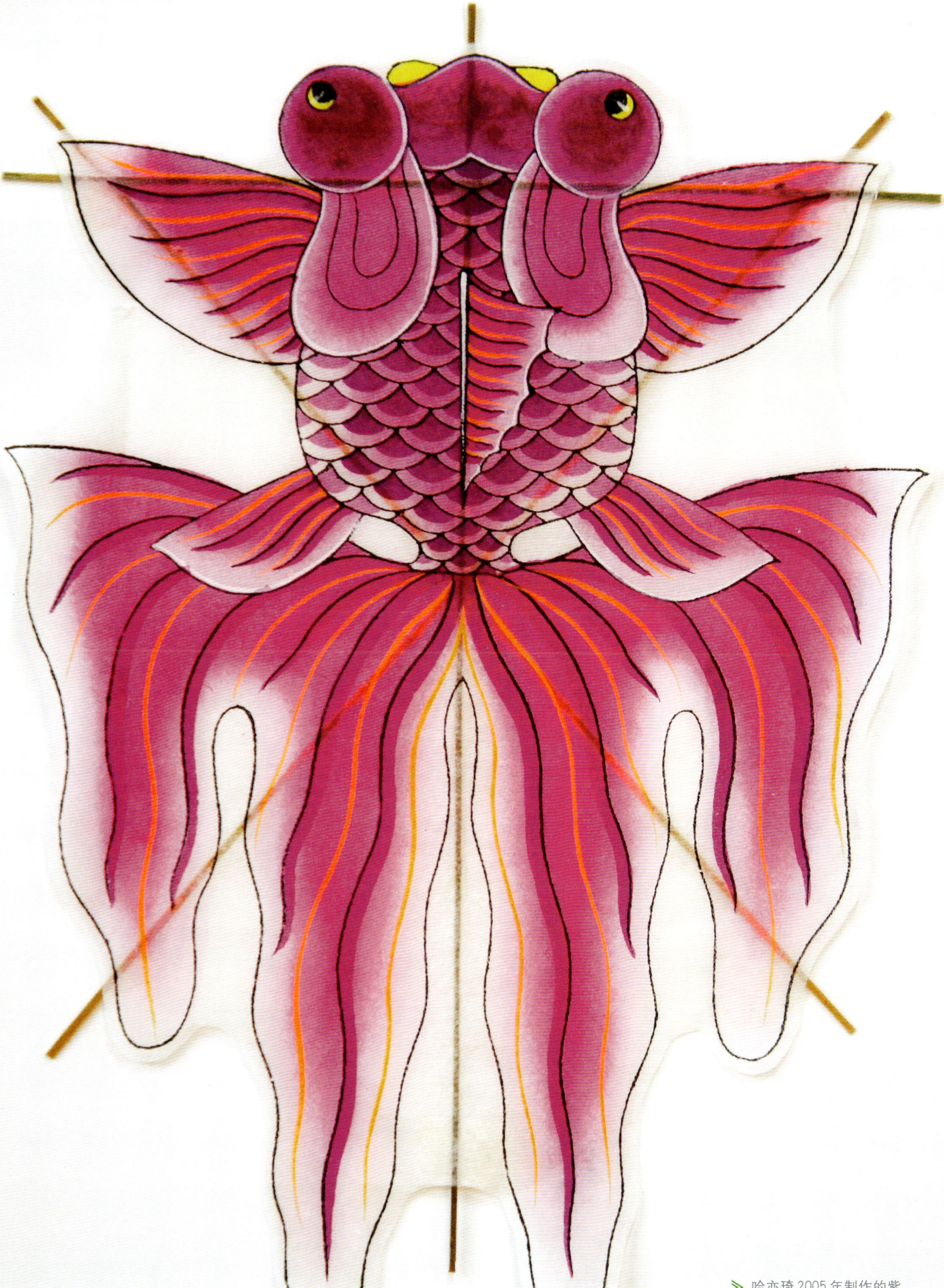

≫ 哈亦琦 2005 年制作的紫金鱼软拍子风筝（16 厘米 x11 厘米）

到形象的存在。不管哪种类型的风筝，都该保持画面的细致、清晰、花地均匀的效果。

瘦沙燕只有正图一种形式，肥沙燕可分为正图肥沙燕与倒图肥沙燕。肥沙燕正图是指沙燕风筝画面中翅膀和尾部的白色羽毛尖端向上绘画的图案造型，倒图则是指沙燕风筝画面中翅膀和尾部的白色羽毛尖端向下绘画的图案造型。

哈氏沙燕风筝底色搭配模式是按照肥、瘦两种沙燕的正图和倒图来分的。倒图分三种颜色：黑倒图、蓝倒图和红倒图，蓝倒图又有群青和普兰两种。

底色就是沙燕风筝的身体颜色。肥沙燕正图的底色是用黑色来着色，倒图是用群青来着色的。由于是倒图，所以肥沙燕的头部是留白的，出于白底头部会影响远观效果的考虑，哈氏用黑色描沙燕头部的外轮廓，使构图更加丰满，放飞后风筝依旧能够达到结构清晰的视觉效果。

（五）图案与装饰特点

哈氏风筝在图案装饰上，既有细腻的、文人墨客所喜欢的精致典雅的特点，又有绘制较粗犷，适合百姓娱乐的民间特点。这种定位是我1985年左右在清华大学的一次讲课中提出来的。比如，绘制细腻、构图比较考究的有“万福流云”、“九龙燕”、“九狮燕”、“钟拍子”等等。还有比较民间的、构图相对简单的“五福燕”、“黑锅底”、“金玉满堂”、“蝉拍子”、“蜻蜓”、“双鱼”、“青蛙”，等等。1951年父亲做的彩蝶，上面都是文锦图案，这件风筝是他模仿祖父1915年在巴拿马博览会得奖的那件风筝完成的。从这件仿制的风筝中可以看出，我祖父所绘制的风筝图案已经非常细致了。

哈氏风筝的图案和装饰有一套比较固定的程式，以沙燕为例，主要体现在下面这几个方面。

◆ 1．羽毛的绘画

哈氏沙燕风筝的翅膀羽毛的数量是固定不变的，肥沙燕的羽毛是左右翅各9支，瘦沙燕的是左右翅各11支，而其他流派的沙燕风筝作品的翅膀羽毛却没有固定的数量。哈氏沙燕脚爪的画法也比较抽象，是由和翅膀相连的脚掌和三根卷曲的脚趾构成的。除了我近十余年创作的新型沙燕风筝脚爪有一些变化外，我

≫ 哈氏瘦燕的羽毛

家传统的沙燕风筝脚爪都是这样的。其他流派的沙燕风筝在画脚爪的时候，没有比较固定的程式。

◆ 2. 腰拴

“腰拴”也称为“腰刷”，哈氏风筝传统的“腰拴”，是三层图案的。通常来说，由上数第一层是“圆纹”的，第二层为“翻草纹”[3]，第三层为“回型纹”或者“卍字不到头”。这些花纹都是装饰花纹中非常常见的样式。除了“整体打破”的画面不用“腰拴”，其他沙燕风筝都是这个模式。“腰拴”的绘画不宜过多，不然就容易让画面显得琐碎。如果“腰拴”在沙燕风筝画面里成为主要的装饰，就会减弱主体画面的效果。“腰拴”的作用其实就是为了修饰画面，使画面更加丰富饱满。

◆ 3. 头部

哈氏沙燕的眼睛讲究“不垂不斗”，既不下垂成为耷拉眼，也不过分靠内形成斗鸡眼，而是让眼珠位于眼睛的内下方，有一种注视前方的感觉，眼睛显得大而精神。在沙燕的最外层眼眶上画有一个桃形图案，上面有象征眉毛的纹样，这是一种拟人化的表现手法。在桃形图案中有一道从最外层眼眶画出来的曲线，我们叫“筋骨线”，作用是增加风筝头部表情的感染力。沙燕风筝口鼻部的画法比较简单，是由两道波浪纹和两道弧形纹所组成的，两道波浪纹在上面，两道弧形纹在下面。波浪纹与弧形纹之间的距离比较宽，中间画几条竖着的直线，最下边弧形纹画出尖形的沙燕嘴部。

哈氏沙燕风筝的头部构图非常固定，一般只有眼部和口鼻部两部分，这种表现方法一直沿用到现在。这种头部构图，虽然比较简单粗犷，但是视觉效果非常好。哈氏肥沙燕风筝的脸部两侧和额头上一般会画上铜钱和寿桃图案，这些带有吉祥寓意的装饰图案，使画面更加饱满，也让肥沙燕的形象，更加惹人喜爱。

绘制昆虫风筝和沙燕的方法有很大区别。以蜻蜓风筝为例，它最有特点的是它的两只翅膀是上翘的，只有我们哈氏风

哈氏沙燕风筝的脚

哈氏沙燕风筝的腰刷

哈氏沙燕风筝的头部

哈氏蜻蜓风筝的眼睛

筝这么做。它符合飞行的需求，风筝在飞行的时候，翅膀的形状非常好看。放飞的时候翅膀受到风的压力会向后弯曲，这样在视觉上翅膀的线条就成了一条直线，看起来很精神。再有就是蜻蜓上面的筋络，每一条都是经过提炼的，线条很规范，很整齐，和真正的蜻蜓不一样，可是你一看就知道这画的是蜻蜓。还有就是使用夸张变形的手法来表现蜻蜓的特征，比如眼睛，哈氏风筝画的眼睛都是三角形的。包括蜻蜓腿都已经画在身体的正面了，嘴也移到头顶部了。其中蜻蜓腿部的画法是典型哈氏风筝的画法，近似于写实，用直线条画出腿，再用提粉的方法画出腿部的绒毛，达到似真非真的装饰效果，哈家很多昆虫风筝都用这种方法来表现腿部的特征。

（六）沙燕制作的固有程式

哈氏风筝最有特点的是沙燕的做法，经过几代人的总结，形成了一些很固定的程式。下面就讲一讲这些程式。

◆ 1．小膀

风筝的小膀，也叫附膀，也有人把它叫做“把角”，它的功能就是为了丰富风筝造型。为了强调沙燕

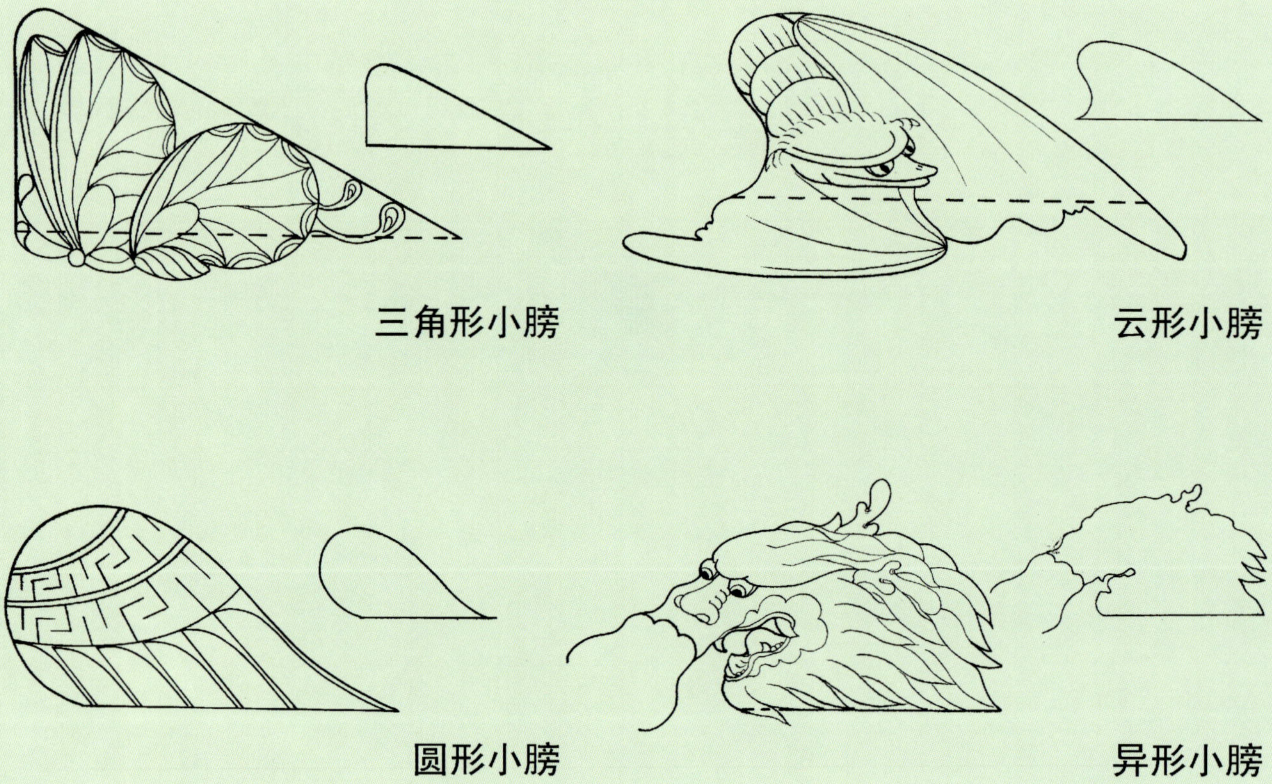

沙燕小膀示意图（哈亦琦 1990 年绘）

的关节，追求造型的真实，就在上膀条和燕腿的关节处添加了这种装饰。最初的小膀形状是三角形的。小膀的形状分为四种，分别是半圆形、三角形、S形和异形三角形，最传统的造型就是半圆形。异形的小膀有鱼头、龙头造型等。小膀不能做大，否则就会影响风筝的飞行，也不好看。

哈氏风筝翅膀上的小膀是S形的云式小膀，它的优点是小膀的弧形和翅膀上的图形是连为一体的，形成整体的以弧度为造型的艺术效果。把小膀去掉，风筝一样可以飞，现在根据风筝的图案造型，加上小膀，做到上下结合，既美观又增强了工艺感。

小膀一般都加在沙燕翅膀的上条和腿上，不能加在翅膀下条，因为这样会加大下条竹子的强度，不利于风筝飞行。沙燕的腿上加上小膀是为了和翅膀相呼应，在放飞中达到视觉上的美感，同时也能加强骨架的强度。

我们哈氏风筝大型和中型沙燕的腿是用竹竿做的，不易变形，能保持整个骨架的平整。不同尺寸的风筝用不同的细竹竿做腿，比如，我们做5尺的沙燕，用的就是箭竹，再大些的就要用细竹竿了。腿上小膀的位置和大小也是有讲究的，一般在做沙燕腿上的小膀时，要做得比翅膀上的小膀大一些，来达到视觉上的美观、和谐。因为风筝放飞时第一有一定角度的倾斜，第二风筝翅膀上部的内容比较多，会造成沙燕腿单调空洞的感觉，所以腿上的小膀做大一些可以使整个风筝感觉更平衡。这都是艺人们通过实践总结出来的经验。

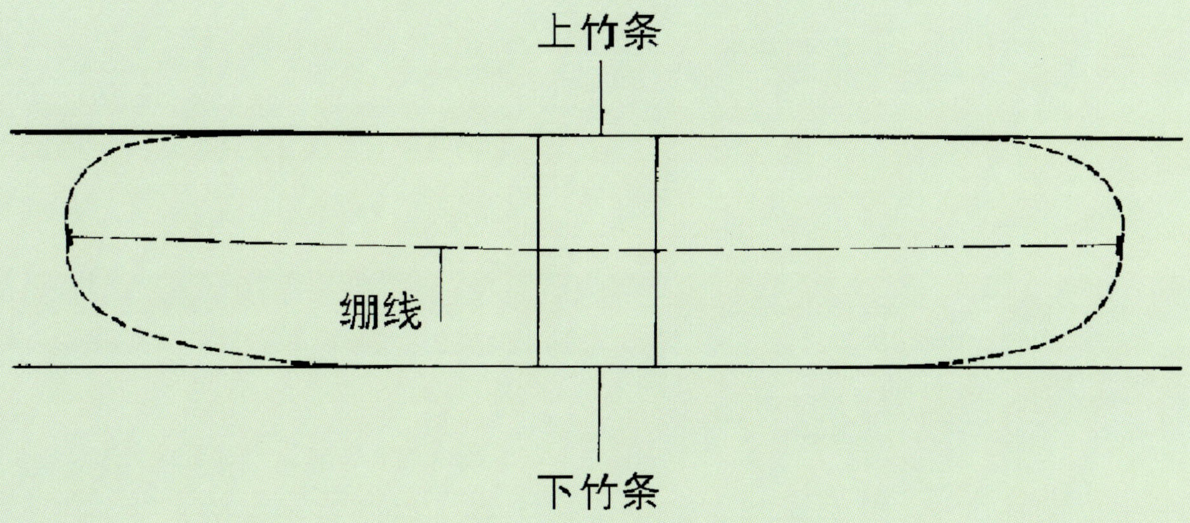

沙燕膀条示意图（哈亦琦1990年绘）

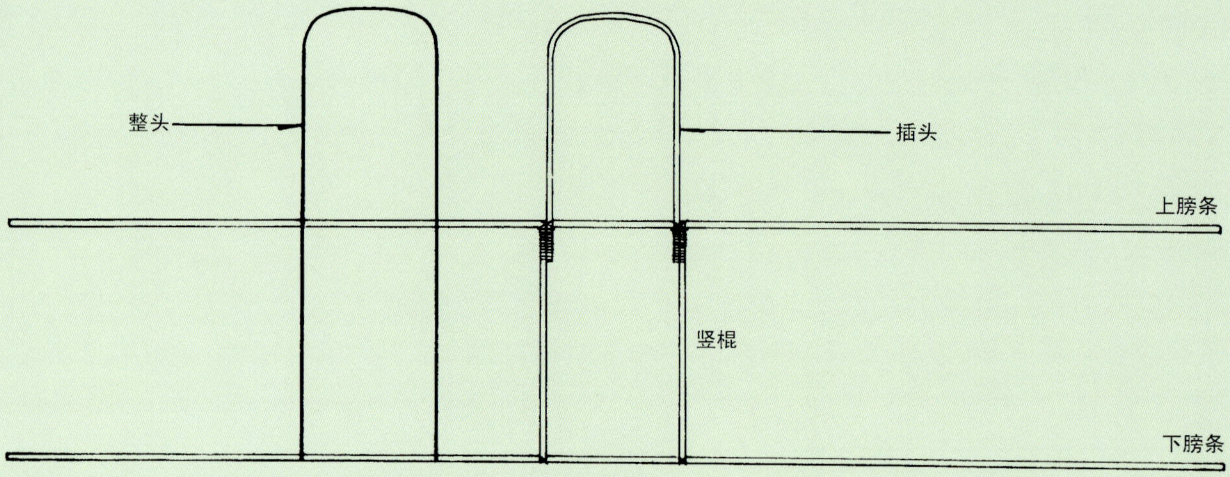

沙燕的插头

◆ 2. 膀条

我们把硬翅风筝翅膀的竹骨架叫做“条”或“膀条”，分为上膀条和下膀条两部分，膀条的顶端即为“膀尖”。

风筝做得好不好，飞得平不平稳，关键就在于“膀条”。过去我家从一丈二到3尺的风筝，都有一副标准的“膀条”。我从同样规格的数十只风筝中选出飞得最好的一只，把这只风筝的膀条作为标准，以后做同样尺寸的风筝时就以这个“膀条”为规范。有了这个标准，就为家里批量制作质量过硬的沙燕风筝提供了保障。

◆ 3. 抖牌子

以前我们家做的沙燕风筝尺寸都很大，一般来说腿是活动的，可以拆卸，父亲把拆去腿后的身体部分叫做“抖牌子”。大风筝可以拆卸腿部，是为了携带方便，但从风筝的放飞角度来讲，做活腿的、可拆卸的风筝有很大缺陷。一来它卸掉了整体的受风力量，二来为了组装必须加拴套和竹子，这样就加大了自身重量。

做3尺以上的大风筝时，沙燕的头是用另外一根竹子做成的，我们称为“插头”。插头的竹子做得很薄，有一定的强度，又要轻。我们先把大风筝的翅膀做出来，之后再插头。

◆ 4. 分头

沙燕头部的骨架我们称为“分头”，一般沙燕都要分头。分头主要有三个作用，第一是支撑作用，第二是方便做眼睛和眉毛部分，第三是悬挂作用。分头的竹子削得很薄，既要轻，又要有一定的强度。

分头的好处在于可以方便地把风筝悬挂起来，又不会损伤其他重要部位。像大一些的风筝，因为头的跨度大，分头时还需要一些相应的辅助材料来增加分头的强度，例如在头部的中间部位加支撑的竹条。

沙燕的分头

◆ 5．空头活眼

“空头”就是沙燕头部五官的外轮廓，是用竹子扎出来的，而不是画出来的。“活眼”就是指沙燕的眼睛是可以转动的。一般我们在做4尺以上的中型和大型风筝时才做空头活眼，它主要起装饰作用。

活眼分单片活眼和十字门活眼，现在我们哈氏风筝做的活眼都是双层的十字门活眼。以前做活眼用竹瓤子，现在都用纸壳代替了。十字门活眼的优势在于它比单片的转速快。做一对十字门活眼没有两个多小时做不完。先量好尺寸，然后把卡片纸绕两圈，再用钳子把重合对接处捏平。把两个圈套在一起成十字形，然后粘接。粘好后用锥子在两个圆圈的交叉处打眼，最后再粘活眼的四个面。这个面是一凸一缺，在安装活眼的时候要注意方向，缺口应该在下面，凸面在上。因为风筝在飞行的时候，会迎风与地面成45度角，风是从风筝下面向上吹的，所以只有缺口冲下安装，风筝的眼睛才能转动。我们家的风筝活眼都是带一点角度向上倾斜，第一是为了美观，第二是它要比平着安装旋转速度快。风筝的活眼不宜安装过多，因为活眼太多就会把风卸走，影响飞行。

◆ 6．合竹

在做大型风筝时要使用“合竹”的方法。比如，做一丈五的风筝，因为没有合适厚度的竹子，每根翅膀须多用一根竹条，竹里对着竹里合粘拼接，就叫合竹。合竹的位置也是在风筝上条的三分之一处，和背条一样。我们在做合竹时将两个竹子粘好，用线固定上，之后再把它刨成圆条。为什么要把粘好的合竹刨成圆条呢？因为圆条弹性更大，做沙燕的竹子基本上都要削成椭圆形的。

哈氏肥沙燕的空头活眼

有记载的哈氏最大的硬翅风筝，是两丈四的，两

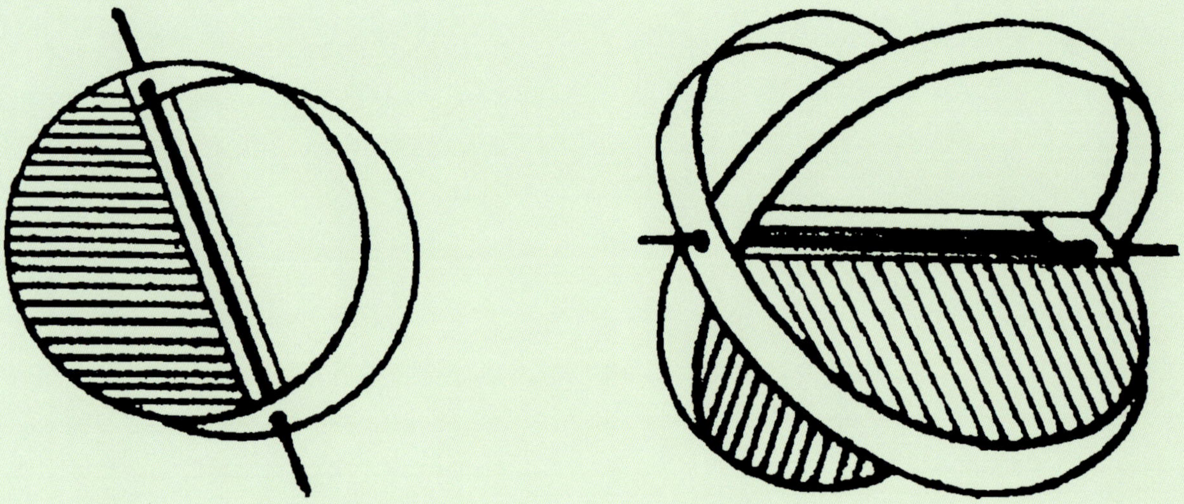

哈氏空头火眼示意图

个翅膀的距离将近8米，制作这个风筝就采用了“合竹”的方法。通过“合竹”，可以使大型风筝能适应强风飞行，并且飞得又高又平稳。合竹分为以下几步：

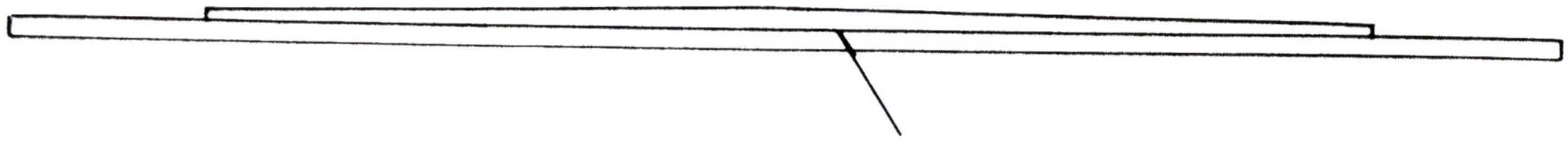

合竹

（1）劈竹选料。把竹筒破成竹条，然后用“锉削”的方法把竹节凸起的位置锉平。在此过程中，不能损伤竹皮，因为竹皮部分强度最高，是决定骨架强度的关键，按哈氏风筝几代口口相传的说法，“不能伤了竹子的筋骨”。

（2）制作基本型。竹节锉平后，再将竹条的曲面烤平，之后用刨子将烤平的竹条大致刨成合适薄厚。在刨的过程中，只能刨竹心，不能损伤竹面。

（3）拼接。拼接合竹的位置是在风筝上条的三分之一处。用来合竹的短竹条刨好后，两端非常薄，以便在和上膀条拼接之后依然保持平滑。合竹时要竹里对竹里进行黏合，粘好用线固定上，等胶干了之后再解开，这样能避免黏合不牢。过去合竹时用鱼鳔胶4进行粘连，现在多采用乳胶或强力胶。

（4）拼接后的精加工。等两根竹条已经完全黏合后，还要用刨子细刨，把合竹后的竹条刨成圆条形的整体。

◆ 7．背条

在风筝骨架的上膀条上加装一根长度约为上膀条长度三分之一的竹条，这根竹条就叫做“背条”。背条加在风筝骨架上条中间的三分之一处，两边薄，中间最厚，有时背条最厚处要和上膀条厚度相等。背条可以利用自身的反弹力增强风筝上膀条骨架的强度，加了背条的风筝适应风的范围增大了，在3.5级到7级风之间都可以放飞。

背条要加在8尺以上的大型风筝上。一般大型风筝适应风的范围在4–5级风，超过5级风就必须加背条。因为用来做大风筝膀条的竹子厚度有限，只有加背条后才能在强风中飞行。

做背条的竹子中间圆，两边要逐渐削薄，最薄的地方和上膀条合为一体。背条的形状是烤出来的，在烤制时，上膀条烤的弧度大，下膀条烤的弧度小一些，如果下膀条烤的弧度大了就会加大下膀条的强度，影响放飞。加背条时也是竹里对竹里，在衔接背条时要注意不能有死角或者硬弯，以免膀条折断。

加背条有两种方法：一种我们称之为“死背条”，就是把背条两边最薄处和骨架系死。另一种是“活背条”，是将背条加套固定在骨架上，可以随时拆卸，比较灵活机动，活背条的风筝适应风的范围也更大。

◆ 8．反背弓

反背弓是指骨架“膀尖前翘、后心贴地”。膀尖前翘是说翅膀骨架两端部分向前翘起，后心贴地是说沙燕骨架的身体部分放平时能够紧贴地面。哈氏风筝的瘦沙燕风筝，二尺半以上都做反背弓。这是父亲制定的标准，制作沙燕时必须达到，也是检测沙燕风筝骨架扎制合格不合格的关键。烤这种反背弓我们平常称之为“烤翘”。

记得在20世纪80年代初，我做了一只不到3尺的瘦沙燕，也是反背弓的。1982年我父亲带它去法国参加活动，在海滩上放风筝，突然间风大了，其他风筝都掉下来了，只有我们这只风筝还在飞，最后被法国博物馆收藏了，这就是背条发挥了作用。这种方法是哈氏的，其他人没这么做过。

◆ 9．跪腿

骨架和主体骨架相接的地方以及装饰部位和骨架相接的地方是跪腿，它是一种角度。跪腿只有我们家这么称呼，以前我家制作的中型风筝的跪腿部分都是用纸条粘接的。

◆ 10．风筝“上、中、下”

这里说的“上、中、下”基本上是指硬翅和软翅两大类风筝骨架强度的比例关系，在制作风筝时要是掌握不好这三者的关系，做出来的风筝就不能很好地飞行。

风筝“上、中、下”三个部分的强度可以用父亲的一句话概括：“上面强度是十分，中间强度五分，下面强度四分”。以沙燕为例，它的骨架是上重下轻的。“上”专指沙燕的上膀条，“中”是指下膀条，“下”

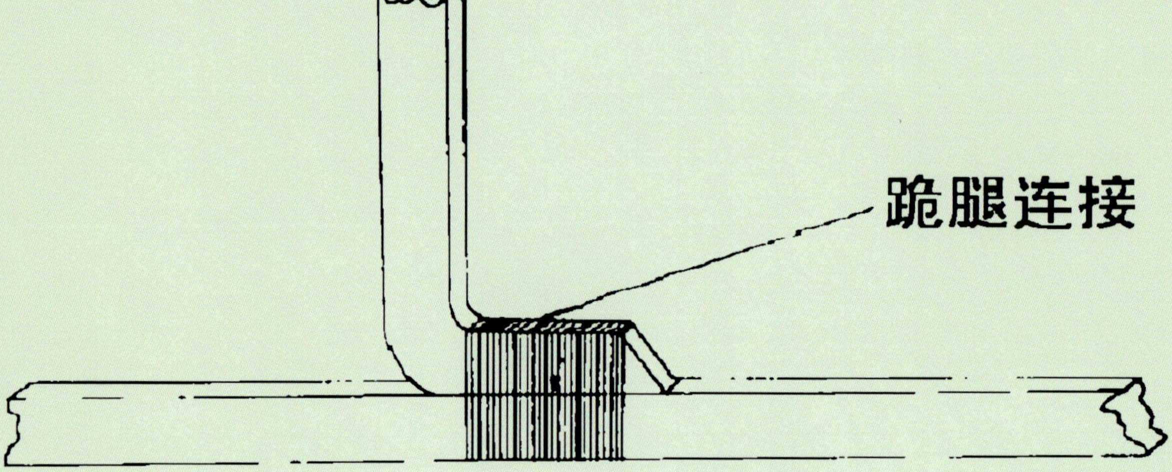

跪腿连接示意图

就是沙燕的腿部。如果瘦燕上面的骨架强度是十分，中间骨架的强度是五分（肥燕可以达到六分），下面的骨架强度到四分就可以了，这样风筝能以最适合的角度飞行。在飞行中，骨架上部分比较重是为了强迫风筝顶部向下压，将风分流至两侧，最后在风筝的背后汇合，形成真空空间。这时加上风筝线的拉力，就形成一种上升的动力，风筝就能逆风起飞。

哈氏风筝的特色是在不断的实践中总结和完善的，非常宝贵。我很珍惜这笔财富，也会努力在继承它们的基础上为哈氏风筝增加新的内容。

二、独特的画谱文化

哈氏风筝在一百多年中，经过曾祖父、祖父、父亲和我四代人的总结完善，形成了自己独特的画谱文化。我认为画谱属于记载和传承的一部分，通过画谱既可以记录风筝的样式图案，又可以反映出它的民俗意义、社会价值和艺术价值。哈氏风筝的画谱一共有250多种，现在我已经整理完成了70多种。

（一）画谱内涵

我家画谱中比较常见的题材有十多种。有的以动物为主，有的以植物为主，还有些生活用具和吉祥图案。我家沙燕以龙凤、鱼和蝙蝠图案为题材，其中又以龙凤题材为多。以前龙凤的图案不许老百姓用，都是皇家贵族专用，后来管得也没那么严了，民间也就慢慢开始使用龙凤图案了。我们家风筝上以龙为主的图案有“二龙戏珠”、“苍龙训子”、“五龙瘦燕”、“九龙瘦燕”等等，这些图案寓意吉祥，大家都喜欢。最开始来我家定做风筝的一些达官贵人，觉得画龙的风筝很富贵，所以祖父就设计了几种龙的图案放在风筝上，这也成了我家一个很重要的特色。龙凤在一起的图案主要表达的是夫妻恩爱，这和民间常用到的鸳鸯图案一样。我家很少用鸳鸯图案，表现这个主题的就是“龙凤呈祥”。“丹凤朝阳”描绘的是凤凰迎着太阳展翅飞翔，体现出对天下太平的期盼。关于凤凰的题材还有仿真类软翅风筝“花凤”，着重表现的是凤凰的祥瑞之气，表达的主题就是幸福安康、平安美满。

哈魁明、哈亦琦在1988年制作的“丹凤朝阳”伞翼风筝(133厘米x74厘米)

哈氏风筝很多画面上都有蝙蝠的图案，因为蝙蝠的“蝠”与幸福的“福”同音，是幸福的象征，

哈亦琦 2007 年制作的多硬翅“龙凤喜字”风筝（38 厘米 x34 厘米）

也有福气的意思。我家的蝙蝠图案有两种：一种是作为沙燕风筝画面的主体图案或者作为局部装饰，这种蝙蝠一般画得比较概括，比如五福燕；一种是其他类型风筝画面的主体图案，一般画得比较具体，比如福寿。无论是哪种蝙蝠，基本都是用红色来画，表现“洪福齐天”的意思。作为其他类型风筝画面主题的蝙蝠，经常和寿桃、铜钱等组合在一起，表现“福（蝙蝠）寿（寿桃）双全（双钱）”的吉祥寓意。

鱼在民间文化里也是吉祥的象征。鱼和“余”同音，象征富足有余，民间以鱼为题材的美术作品都有求财得利的用意，比如鲶鱼就是“年余”，金鱼是“金玉” 。鲤鱼的“鲤”字就代表“利”，所以鲤鱼也被当做“财神”，另外“鲤鱼跳龙门”代表了飞黄腾达。鱼还可以代表多子多孙，因为鱼产卵一次就能上万。鱼水合欢是夫妇恩爱的意思。哈氏各类风筝中都有鱼的图案，比如硬翅肥沙燕风筝“鱼蝠燕”，硬翅风筝“金鱼”，硬拍子风筝“双鱼”、“吉庆有余”等。

哈氏风筝最常见的植物图案是“牡丹”和“荷花”。牡丹花是花中之王，是中国民间艺术常用的题材，代表了荣华富贵。哈氏风筝一般不用植物作为主体图案，但是牡丹花除外。比如伞翼类风筝“丹凤朝阳”的图案就是用牡丹、凤凰、红日共同组成的。我做的“牡丹蝶”用过写实的、传统的牡丹作为蝴蝶身上的

≫ 蝙蝠纹样（哈亦琦 1990 年绘）

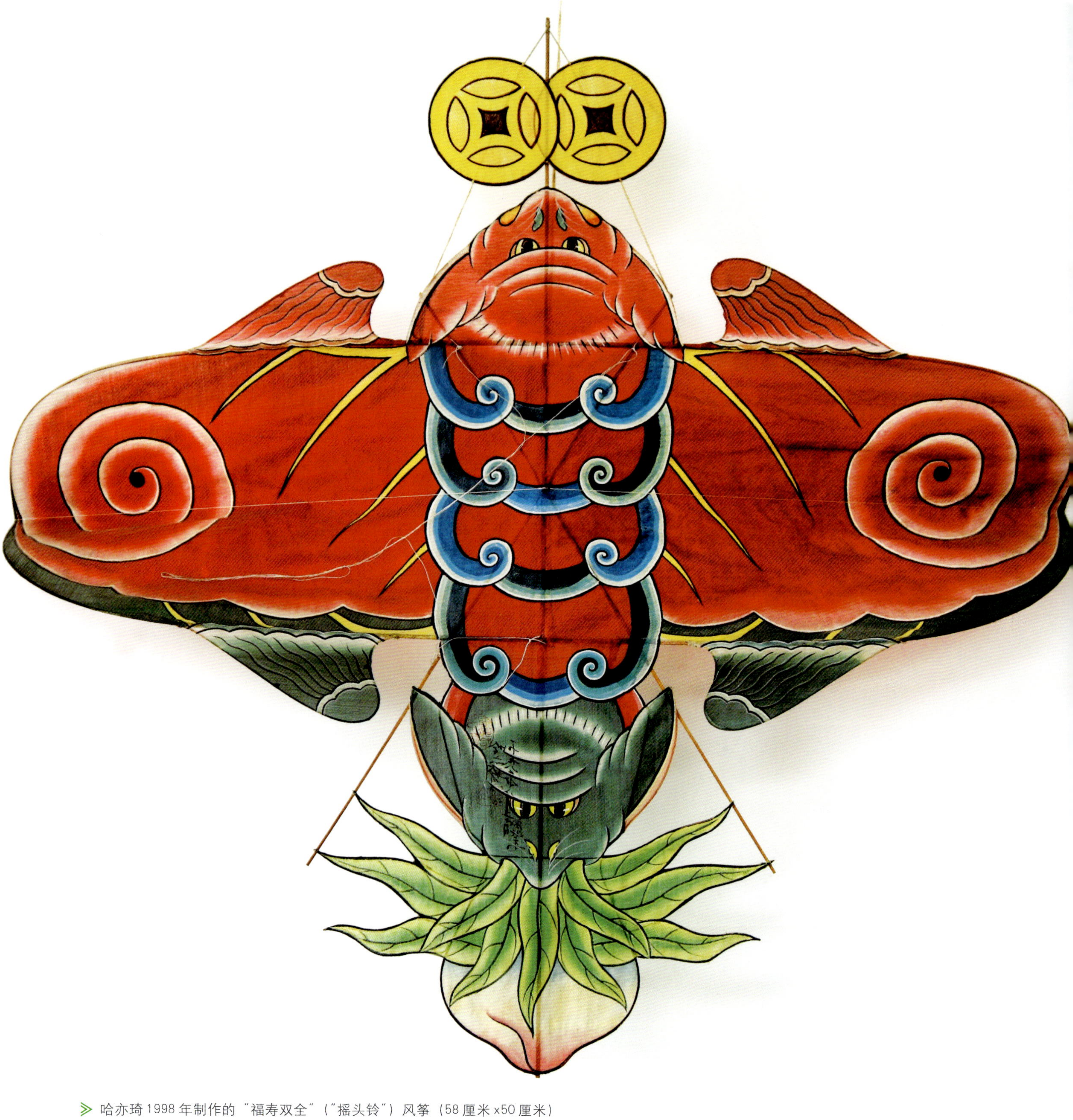

≫ 哈亦琦 1998 年制作的“福寿双全”（“摇头铃”）风筝（58 厘米 x50 厘米）

哈亦琦 2006 年制作的“福寿双全”软拍子风筝（12 厘米 x17 厘米），2007 年获得全国旅游产品设计金奖

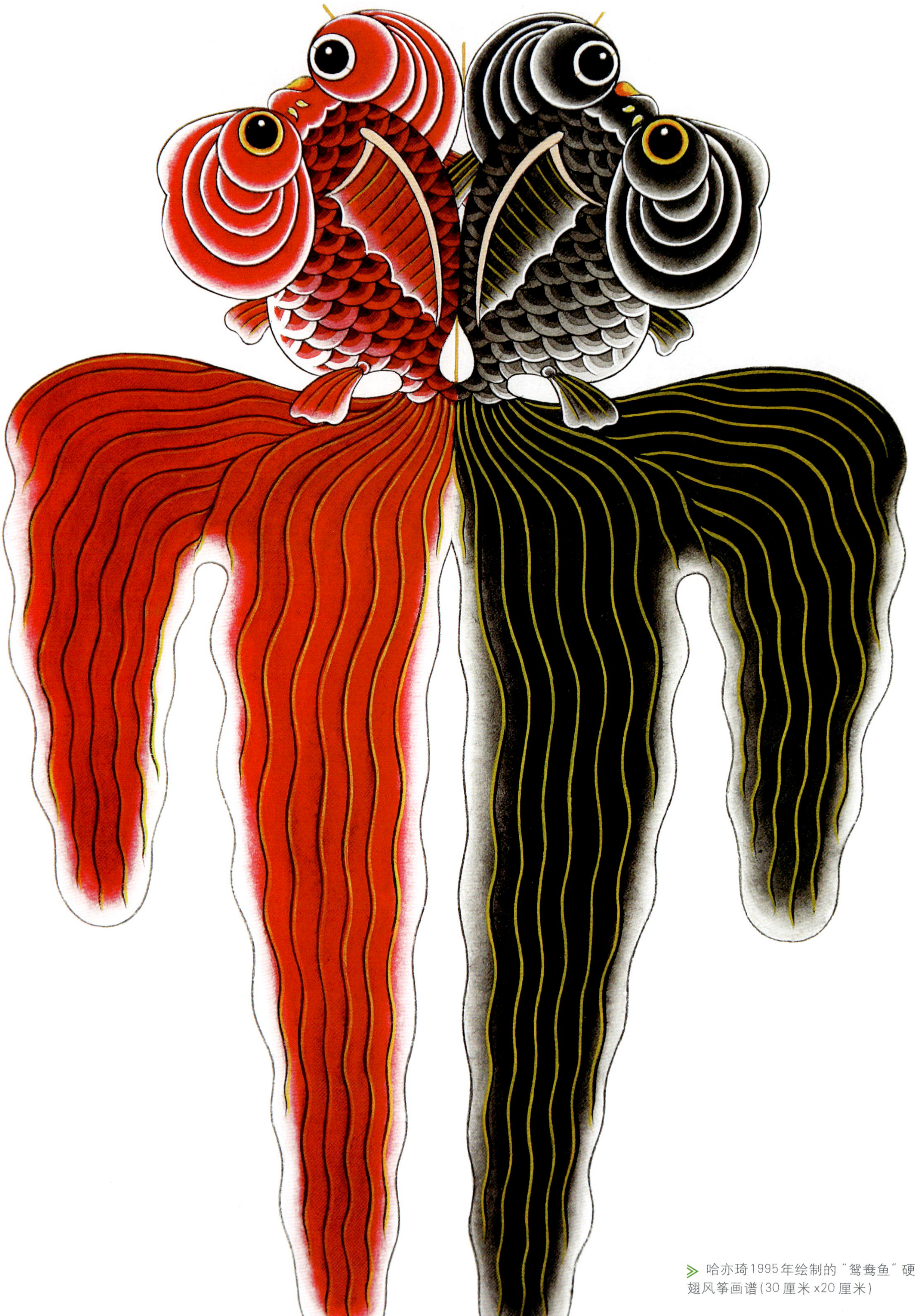

≫ 哈亦琦1995年绘制的"鸳鸯鱼"硬翅风筝画谱(30厘米x20厘米)

≫ 哈亦琦2006年制作的“连年有余”软拍子风筝
(16厘米x13厘米)

哈亦琦 2006 年绘制的牡丹蝶软翅风筝画谱（23 厘米 x27 厘米）

哈亦琦1982年绘制的牡丹蝶软翅风筝画谱（20 厘米 x28 厘米）

哈亦琦2007年制作的多硬翅双"喜"字风筝
(28厘米x23厘米)

哈亦琦1981年制作的寿灯立体风筝(80厘米x110厘米x54厘米)

哈亦琦2004年制作的香炉软拍子风筝(14厘米x9厘米)

装饰，也用过变形的现代牡丹图案作纹饰，效果都很好。

荷花的“荷”与“和”同音，代表“和美”的意思，在民间荷花经常被用来表现夫妻之间的爱情。另外，荷花的莲子，又有“连生贵子”的寓意，很多民间艺术作品中都有莲花莲子的图案。哈氏风筝作品里，荷花图案所表达的就是“和谐”这个主题。我做的“单喜字”和“双喜字”多硬翅风筝，上面的图案就全是由植物组成的。有梅、兰、菊、竹、松、水仙和百合，很有特点。

以生活器物为风筝画面主体图案的哈氏风筝，主要是仿真器物风筝，如灯笼、花瓶和香炉，因为这些器物本身就有吉祥的寓意。以它们作为整体的造型，既会让人们有日常生活的亲切感，也表达了一种良好的祝愿。

（二）画谱赏析

对下面这些画谱分别做具体的介绍。

◆ 1. 多福燕

多福燕又叫“万福流云”。它用淡墨云作为背景，衬托出几十只姿态各异的具象蝙蝠。“燕子”的两膀和两腿探出的蝙蝠，自然美观，体现出风筝制作工艺的精巧，增加了活泼的造型效果。蝙蝠是典型的哈氏画法，单纯、概括、神似。先画脑门、再画眼睛，寥寥几笔勾勒耳朵，根据不同方向画出背部和翅膀，一气呵成。这是纯民间的表现技法，也是最早出现在风筝上的蝙蝠画法。画谱中的蝙蝠共有 4 种颜色，互相穿插呼应，热闹非凡。“多福燕”风筝

≫ 哈亦琦 2001 年绘制的“万福流云”瘦燕硬翅风筝画谱（31.5 厘米 x28.5 厘米）

的画面处处有蝠，寓意为“吉祥如意”撒满人间。

◆ 2. “钟馗”风筝

根据宋代沈括《梦溪笔谈》的记载，钟馗是唐代人，因为容貌丑陋，应考武举未被录取，悲愤自杀。死后托梦唐明皇（玄宗），决心消灭天下的妖魔。唐明皇醒后，便命令画工吴道子为钟馗画像，结果吴道子所画的钟馗像和唐明皇梦中所见的完全相同。唐明皇便将钟馗的画赐给各个官署，并布告天下百姓，于是钟馗就成了能够驱除鬼怪的偶像。

旧时民间风俗认为端午节是“辟邪”日，每到这天午时，人们便在家中悬挂钟馗的画像，驱邪避凶。画像上的钟馗手舞宝剑，斜上方飞来一只蝙蝠，画中写有“天中辟邪”。

≫ 哈亦琦2007年绘制的“恨福来迟”硬翅人物风筝画谱（25厘米x27厘米）

“钟馗”风筝是哈氏硬翅类米字型人物风筝。它是单人独立造型。风筝整个画面构图完整，淡化了背景和道具，使人物一目了然。在浅褐色云朵的衬托之下，钟馗身着红色蟒袍，手舞宝剑，怒视前方的蝙蝠，就是“恨福来迟”的意思。

◆ 3．“喜”字风筝

“喜”字型风筝属于多翅类风筝，是由传统的“硬翅”类风筝派生出来的。它从上到下共有三层硬翅，扩大了迎风面积，增加了上升的“举力”，易于飞行。它的造型就是汉字“喜”，体现了风筝独立造型的特点。装饰画面花团锦簇，既有“梅、兰、竹、菊”四季名花，也有牡丹、月季花、水仙、莲花、迎春花等，象征着百家同喜，富贵吉祥。

画面从上到下画有几个较大花朵，各种小花以较大的花朵为中心，向两边散开。花叶衬托各种花朵，使画面丰满，具有典型的民间艺术构图风格。色彩上，鲜红的底色衬出各色花朵，明艳夺目，使画面表现出喜气洋洋、吉祥如意的感觉。“喜”字风筝在技法上将工笔重彩与民间绘画方法结合起来，既有民间绘画的活泼，又有宫廷绘画的典雅。

≫ 哈亦琦2003年绘制的单“喜”字多硬翅风筝画谱（27.5厘米x23厘米）

◆ 4. 钟拍子风筝

钟拍子风筝以写实的手法,采取了传统的铜钟作为外形。钟顶上的独身双头幼龙,又叫"蒲牢",形体较小,生性好鸣叫,所以中国古代鸣钟常常用它来装饰。主画面采用了壁画和浮雕的形式,比较概括,装饰意味浓厚。蟠龙在画面正中,侧视翻腾,四周祥云缭绕,身下海浪翻涌。最下方以连续的花纹图案做装饰。钟拍子以青色为底色,色调冷暗,沉稳威严,画面整体层次简练,细节的过渡微妙自然,有一种自然质地的坚实感。

哈亦琦 2004 年绘制的钟硬拍子风筝画谱(27 厘米 x23 厘米)

◆ 5. 五狮燕风筝

五狮燕风筝画面的整体色彩艳而不俗,沙燕以深蓝色为底色,头部腿部描绘工整严谨。翅膀上的淡红色祥云中,画

哈亦琦 2002 年绘制的"五世同堂"肥燕硬翅风筝画谱(22 厘米 x26.5 厘米)

有五只红色狮子，形态各异，相互嬉闹，口衔丝带相互争抢画面中央的绿色绣球。红色的狮子、蓝色的头尾和绿色的绣球，冷暖对比鲜明，互相呼应。腰刷分三层，第一层是红色的“圆纹”，第二层为紫色的“翻草纹”，第三层为 绿色的“卍字不到头”。三层图案如一道彩虹衬托着主题，使画面更加丰富，洋溢着欢乐喜庆的气氛。因为“狮”与“世”谐音，所以五狮燕又被称为“五世同堂”。它反映了五辈人在一起的和谐生活，表达了长辈年高长寿能与几代子孙相见的美好愿望。

◆ 6. 蓝凤蝶风筝

蓝凤蝶风筝是把凤凰与蝴蝶图案的特征结合在一起绘制成的，它在写实凤蝶基础上进行了夸张变形。

≫ 哈亦琦 1982 年绘制的蓝凤蝶软翅风筝画谱（32 厘米 x31.5 厘米）

风筝整体以蓝色为主，红色相对少一些，两种颜色冷暖对比强烈。两大色块之间用回转的曲线勾画，使得它们的衔接生动自然。蓝凤蝶风筝的身体和头部以写实为主，翅膀上描绘了丰富的图案。翅膀图案层次非常丰富，形状大小各异，像是由内向外放射的光环，每一层都由蝴蝶或凤凰的单线变形纹锦组成，斑斓夺目。蝴蝶翅膀上的眼、点都画成火焰形状，颜色夸张跳跃，整个画面华丽却不失生动。尾部与蝶须结合了凤凰翎毛的形状，使整个风筝显得华贵雍容。

◆ 7. “黑锅底”倒图肥沙燕风筝

从前艺人用锅底的黑烟末抹上胶来绘制风筝的画面，因此我们把只用黑色描绘的沙燕叫做“黑锅底”。它的五官、四肢的变形图案用黑色直接涂画，黑、白对比强烈，线条粗犷古朴，是远视效果最佳的风筝之一。哈氏风筝“黑锅底”倒图肥沙燕的特点如下：一是整个燕子变形装饰图案程式化：白色羽毛尖向下，两边翅膀上有抽象蝙蝠。二是沙燕肚和 “小膀” 上都画有向内飞翔的具象蝙蝠，尤其突出的是4只小膀的蝙蝠玲珑剔透，互相呼应，为严谨的画面增加了活力。

≫ 哈亦琦2002年绘制的"黑锅底"肥燕硬翅风筝画谱（22厘米x26.5厘米）

哈亦琦2004年绘制的青蛙硬拍子风筝画谱(26厘米x21厘米)

◆ 8. 青蛙硬拍子风筝

青蛙又叫金丝蛙。由于它每年捕食害虫，保护谷物生长，民间也称它为“护谷仙子”，是一种吉祥的象征。青蛙硬拍子外形以写实的青蛙为基础，主体色彩为青绿色，青蛙的身上画满深浅不同的冰纹，体现出立体的效果。头部和四肢用红色的火焰纹装饰，腰间有深红色毒蛇缠绕，似乎在与青蛙做殊死搏斗。画面冷暖对比强烈，绘制手法多样，极富民间色彩，是哈氏风筝的代表作品之一。

哈亦琦 2004 年绘制的
福寿蝙蝠硬拍子风筝画谱
(25 厘米 x22 厘米)

◆ 9．福寿蝙蝠硬拍子风筝

福寿蝙蝠硬拍子风筝是用一只口衔蟠桃的蝙蝠来表现的。“蝠”与“福”同音，桃子则是长寿的象征。画面把桃子和蝙蝠组合在一起，表达了幸福长寿的美好愿望。蝙蝠全身红色，取“洪福齐天”的意思。头部非常写实，身体以蓝色花纹连接而成，翅膀夸张概括。蝙蝠所衔的桃枝上长满绿叶，蟠桃由绿叶衬托，鲜艳饱满。整幅画面利用补色对比产生了非常鲜明的远视效果。

◆ 10. “鲤鱼满堂”肥沙燕风筝

鲤鱼的“鲤”字与“利”谐音，所以鲤鱼在民间也被当做“财神”，哈氏风筝也常以鲤鱼作为风筝的主题。鲤鱼满堂风筝的画面由红色鲤鱼和黑色正图沙燕重叠而成，剩余的空白处则用绿色的荷叶和蝙蝠作为装饰。鲤鱼画法生动具体，鱼眼、鱼鳞、鱼鳍都比较写实，鱼尾翻卷，更显得活泼自然。荷叶和蝙蝠的画法也很具体，颜色由中心到边缘逐渐变浅，在黑底上非常突出。整幅画面构图饱满，色彩对比强烈。

≫ 哈亦琦2000年绘制的“鲤鱼满堂”肥燕硬翅风筝画谱（22厘米x26.5厘米）

本章小结

哈亦琦在归纳哈氏风筝的特点时，不时从他的书架中翻找出自己整理的各种资料，其中还包括1990年写的笔记。他说他很想把自家风筝的特点好好总结一下，出一本更为详尽的风筝专著，但他太忙了，只能“见缝插针”地利用那些零散的时间，以笔记的形式把哈氏风筝艺术的方方面面记录下来。

哈亦琦为我展示了许多张已经绘制完成的画谱，从20世纪90年代至今，每一张都画得那么精致。但在他看来，其中仍有很多遗憾。哈亦琦指着刚刚画好的“和合二仙”，认真地对我说：“这张画我并不满意，虽然画了一个星期之久，但我可能还是要重新画一张的。”

注释

[1] 这里的尺寸是指软翅风筝的整个面积大小。
[2] 蜡染就是先在布料上用蜡画好图案，然后再用水煮法将蜡质去掉，这时布面上就会自然形成一种纹饰，这就是冰纹。
[3] 哈氏术语，为卷草纹。

第五章

哈亦琦的新探索

本章综述

采访地点：北京西直门外哈亦琦住处
受 访 人：哈亦琦
采 访 人：任晓姝

这一章中，哈亦琦介绍了他对风筝的新探索。哈亦琦刚刚开始接触风筝的时候就想要创新了，那时他受西画影响，对待传统的东西总是想要改变，为此父子俩几次产生矛盾。但这些阻止不了哈亦琦想要创新的强烈愿望。从20世纪80年代开始，他制作了大量的异型风筝、新型风筝。这些风筝，拿到今天来看也是非常新颖奇特的。直到现在，哈亦琦依然没有停下创新的脚步，微型风筝的制作不仅丰富了哈氏风筝，而且取得了很好的市场效果。

哈亦琦并没像父亲哈魁明所担心的那样，只重创新，忽视传统，他更多的是在传统上创新，赋予传统以新的生命。当年那些创新的尝试和在尝试中积累下来的种种经验，不仅拓宽了他对于风筝的理解，也使他的制作技艺日臻成熟。

从1977年我一开始学做风筝，就想改变，就想创新。我那时在学西画，也学了图案，就想弄些新的现代一点的。这种创新的愿望很强烈：一是从我学的那些新知识得到了启发，二是因为日本人横井立写的一本书《风》。这本书是1973年日本每日新闻社出版的，当时在我们国内没有发行。我们公司有一位日文翻译叫江汉生，他翻译完这本书后，将书稿送给了我。这本书介绍了世界各国风筝发展的历史，其中有一段是写中国风筝的，说中国风筝近百年来没有发展。我对这句话不能认同，就想风筝在我这一代能不能继续发展下去呢？应该如何发展呢？带着这些问题，我就开始了各种创新实验。80年代初，我做了一批新式的风筝，总共三四十件，有镂空的、立方组合的，还在传统风筝上画了很多几何图案，传统风筝绝对没有这样的。比如这件花蝶风筝，都是大色块，我考虑到飞上天的效果必须是大颜色块，追求的是很整体的那种效果。

就因为我做新东西，父亲曾经三天没跟我说过话。我那时做完创新的风筝，都挂墙上。每次出门时我都把门锁好，或者把风筝藏好，不让父亲看见。1983年的一天，我上班时忘了锁门，父亲进去就看见这些风筝了。我一回来他就跟我发火了，说了两句话，第一句说：你这做的是什么东西？再一句就是我们北京人习惯的话：这不是玩意。言外之意，他认为风筝必须是传统的，必须有图案的或者怎么样的，说我做的不是东西，三天没理我。后来我就主动找到父亲，说出我的想法，我说我做这些是想试验一下，看看风筝能改变成什么样，并不是说传统的东西我就不做了。后来父亲也慢慢理解了，但建议我还是应该学习传统到一定程度，再去搞创新。那时父亲是怕我急于求成，其实当时我就想体会一下新的东西应该新到什么程度，对放飞有多大影响。

现在我回想起以前的事情时发现，这种尝试对于后来我去体会和发展哈氏风筝没有坏处。正因为我接触了新的东西之后又回到传统，才能更好地体会传统中优秀的东西，改进传统中不适应现代的落后的东西。任何事物都要顺应时代与社会的发展，哪怕这个过程缓慢一些，但不改革不创新就肯定没办法发展。这样我再设计风筝时，就能尽量在传统和现代之间找到一个平衡的点，即便是再传统的风筝，我也会有意识地完善它，把我对哈氏风筝的理解放进去。因为接受的教育不一样，审美情趣不一样，父亲有他的理解，到我这肯定有我个人的理解，你说让我不变这不现实。就是有了这样的思想意识，我才一步一步走到今天。

20多年来，我做了很多新的尝试，先后做过150多件作品，面积最大的为10平方米，最小的只有4厘米见方，最长的是350米的新型结构风筝。归纳起来，主要可以分成三大类：微型风筝、新型风筝和异形风筝。

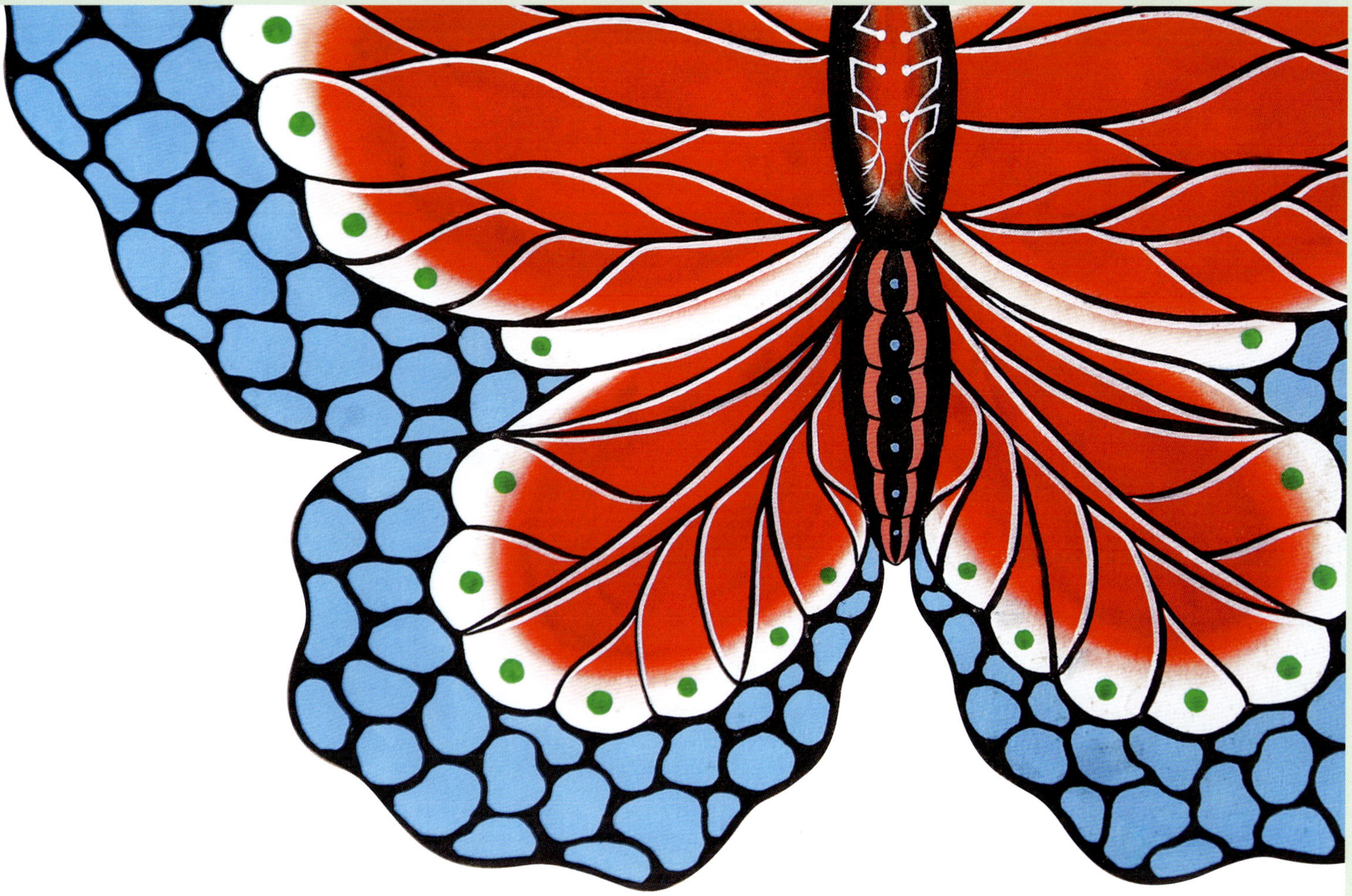

≫ 哈亦琦 1982 年绘制的蓝红花蝴蝶软翅风筝画谱（21 厘米 x31 厘米）

一、微型风筝

哈亦琦制作的巴掌大小的瘦沙燕

小型风筝和微型风筝是从规格上来划分的，尺寸在1尺以下的就是小型风筝，在5寸以下的就是微型风筝。

在20世纪60年代以前，微型风筝并没出现过，历史上放大风筝都是从放飞的效果上看的，我们的祖先已经把大风筝做得很好了。反之，风筝小到什么程度才不能飞行了呢，我在做微型风筝的时候，时常会有这样一个疑问，所以微型风筝是我想要探索的一个方向。微型风筝从骨架制作、面料和颜色的运用上都和大型、中型风筝有所区别。以前我家没有做过微型风筝，也就没有可以借鉴的经验。1977年因为朋友要去美国，我就给他做了两个风筝，那时是我第一次做风筝。当时考虑的是朋友携带方便，所以做了两个5寸大小的，就是微型风筝。真正大量制作是从1984年在美国搞展览的时候开始的。当时社会上就已经有人在做了。除了自己对微型风筝很感兴趣，也有要填补我们哈氏风筝这项空白的想法。中国美术馆收藏的一件微型风筝就是我在1982年制作的牡丹蝶。

微型风筝的骨架对精密度的要求越来越高，在结构造型上也要进行简化。大风筝可以在骨架上做一些造型，但是微型风筝本身体积就很小，如果造型太多就会加重自身的重

哈亦琦1984年在美国制作的小风筝

哈亦琦 1984 年制作的黄蜂（10 厘米 x16 厘米）

量和骨架的强度，影响飞行。比如中型风筝，翅膀需要加斜戗支撑、固定，而微型风筝加斜戗以后，骨架重量就加大了，放飞的时候骨架没有弹性，风卸不出去，上升动力小，就飞不起来了。我以前试验过，这些看似简单的细节，如果不经过亲自制作，是无法得出正确的结论的。再以那硬翅蝴蝶风筝为例，为了造型需要，大型或者中型风筝可以用双边竹子做尾巴，因为风筝大了，尾巴太单薄不好看。但是在制作微型硬翅蝴蝶风筝的时候，就没有必要做双边的尾巴了，第一是造型的需要，第二是为了减轻风筝骨架的重量。

绘制微型风筝也要注意颜料的选择，我曾经做过一个微型硬翅蝴蝶风筝，画完线稿以后用水彩颜色薄薄地涂了一层。但是水彩色里面也是有胶的，等画面干了以后，水彩色里面的胶把风筝的骨架绷住了，骨架失去了弹力，在放飞的时候就出现了打旋的问题。之后我就撕掉画面，在原来的骨架上重新上了个，用品色染大面积颜色，用水彩色或者水粉色勾线条，这样就不影响风筝飞行了。用品色绘画画面可以保证微型风筝的飞行质量，只是品色的颜色有限。

到了今天我还在不断地总结微型风筝的制作方法和经验。因为前人没有做过，所以我的每次成功都可以算是经验的积累和技术的记载，被后人借鉴。

我做微型风筝在一开始的时候是为了试验，随着社会的发展和需要，微型风筝开始慢慢走向装饰化。

2002年哈亦琦在英国博得佛特市国际风筝会上与意大利风筝爱好者合影。图中那位女士手中拿着加了相框的蝴蝶风筝

20世纪80年代，有人开始把这种微型风筝放在锦盒里。我也做了一些，但都不是很成熟。在1995年前后，我就开始做一些旅游产品，利用相框来装饰，尺寸大约在25厘米左右，销售的都是一些6寸左右的风筝。虽然相框小，在装饰上显得小气一些，但当时考虑的是小包装好携带。这种带相框的风筝我只是小批量生产了一些，在工艺美术大楼卖过，也在旅游点销售过。在当时还存在一些问题：第一是价格偏高，老百姓对风筝的认识有个过程；第二是这些相框的制作还不是很完善。

2007年10月在西班牙，北京市文联书记朱明德先生（左一）将加了镜框的哈氏风筝作为礼物送给前国际奥委会主席萨马兰奇先生（右一）

2001年6月13日，对外友协组织我们去俄罗斯，贾庆林市长带队去。那一次北京市政府要我做两只风筝，作为给俄罗斯莫斯科市市长的礼物。我就做了两只小风筝，一只鸳鸯燕，一只蓝色的蝴蝶，就用相框装饰的。当时相框装置没有现在做得这么好，还没有解决风筝高度的问题。我用的方法很原始，就是在一个盒子里，把风筝固定好，再在上面加了一个不带玻璃的框子。现在我解决了镜框高度的问题——镜框后面加上有高度的背箱，并且已经设计了一些相框，它作为风筝装饰的一部分，在整体颜色上一定要和风筝的颜色相适合。

奥运期间，捷克运动员科特琳娜和她的丈夫拿着哈亦琦的双“喜”字风筝照相留念

2002年，中国国航的一期杂志上介绍了我和我制作的风筝。杂志发行之后没多久，民航总局局长杨元元找到我，请我为他做一批风筝。他觉得风筝是飞机的雏形，而且又能代表中国的传统手工艺文化，很适合作为礼品送给客人。当时他在我这定做了8个品种，80件风筝，每件都在1尺左右。我给

他做完以后，配了深色的相框。以前我没有做过带相框的小型风筝，从这以后，我就开始考虑制作和设计中高档的小型、微型风筝礼品了。这笔生意给我的启示是，这种中档以上的小型、微型风筝，制作起来要更费工夫，生产数量不会很大，价格也会更高一些，但社会上还是有一部分人需要的。现在的风筝已经变成一种艺术装饰品了。

哈亦琦制作的八卦软拍子风筝长宽仅有12厘米

我父亲曾做过单“喜”字，我就按照父亲的做法做了一个单“喜”的。2006年，我为星巴克总裁的夫人珍妮特·史密斯做了一对单“喜”字风筝被。同年我又做了一对双“喜”风筝，凡是看见这对风筝的人都表示喜欢。2008年奥运会期间，在奥运村的运动员生活区里，办了一个“中国民族民间手工艺制作展览”，我受邀参加，双“喜”字风筝也展出了。捷克运动员科特琳娜在比赛前和她的先生来我们展厅看展览。我得知他们是夫妻以后，就建议她和她的丈夫拿着双“喜”字风筝照相。我跟他们说在中国的习俗里，只有夫妻才能使用这个图案，他们听了以后都很高兴。等到第二天，科特琳娜就得了这次奥运会的首枚金牌，一些报纸就把这张照片和这个小故事刊登出来了。

这几年来这些小型和微型风筝升值很快。很多时候我去展览会是想知道大众对于微型风筝的看法和接受程度。在展览会上有搞收藏的人，一下子就会订两三万的风筝。也有人喜欢我的微型风筝，几千块钱一件也会买。比如我现在做的双“喜”字风筝，从头到尾要用8天时间。今年的展览会上我把双“喜”字风筝带去了，这个风筝谁见了都喜欢，都说好。这件风筝定做一件8000元，还真有人定做了一对。我举这个例子，是为了说明现在社会上对风筝艺术的认知程度提高了，并且有一部分人能够接受微型风筝的价格。

哈亦琦制作的小型和微型风筝

二、新型风筝

新型风筝就是用以前没有的造型、图案以及色彩设计出来的风筝。这可以具体分成三类。第一类是设计出新的结构造型。从1980年开始，我就陆陆续续做了30多件带有结构变化的风筝，比如船型风筝、望远镜风筝和五环风筝。从这批作品中，我得出了很重要的结论，就是风筝的骨架“易简不易繁”，这是从风筝放飞功能的角度来说的。我很重视风筝的飞行功能，所以在创新时，会尽量去掉不必要的繁琐部位，减轻骨架的重量。

第二类是在传统的造型上绘制新的图案。1982年在单位时，我设计了36张蝴蝶风筝的小稿，很多图案都被批量生产了。在设计的这批图纸里，我按照写实图案、传统图案和现代装饰图案三类进行设计。尤其是现代装饰的那类图纸，完全和传统图案不一样，比如菊花蝶、双色蝶和孔翎蝶。

帆船新型立体风筝（1980年作）

哈亦琦1988年制作的新型硬翅蝴蝶——“彩虹蝶”（9厘米x9厘米）

1984年8月，哈亦琦在美国西雅图太平洋科学中心为在洛杉矶举行的奥运会制作了“五环风筝”

哈亦琦 1982 年绘制的枫叶蝶软翅风筝画谱（20.5 厘米 x29.5 厘米）

哈亦琦 1982 年以世界杯为题材绘制的杯蝶软翅风筝画谱（20.5 厘米 x30.5 厘米）

➢ 哈亦琦1982年绘制的孔翎蝶软翅风筝画谱（21厘米x28厘米）

哈亦琦 1982 年绘制的双色蝶软翅风筝画谱
（16.5 厘米 x20.5 厘米）

我在 1982 年初设计的蓝凤蝶，也是在传统上完善和创新的结果。风筝骨架是按照 1915 年祖父在巴拿马博览会获奖的那只蝴蝶做的。我重新设计了图案，将凤凰和蝴蝶的元素结合起来。这只蝴蝶视觉效果好，颜色对比强烈，是我所做的比较有代表性的新型风筝。

在设计初稿时，蝴蝶翅膀的图案和现在的不太一样，我做好了以后拿给美术馆的一位老师看了一下。他是学过画画的，就对我说蝴蝶上边翅膀的图案有些琐碎，能不能再改一改。我听了以后第二天就修改了，修改以后很成功，和现在的样子没太大差别。设计这件风筝我用了一个多月的时间，画面上选择了蓝色渐变图案，放飞时效果非常好。这件蓝凤蝶一设计出来，就投入生产了，而且卖得非常多。比如其他的同类型风筝卖出 100 件，那这只风筝就能卖出两三百件。这只风筝作为出口产品，被欧美很多国家所熟悉。

蓝凤蝶还获得了 1982 年 5 月国家轻工部“全国百花奖风筝比赛”的单项第一名。

我在 1983 年做的牡丹蝶也是这样的。我利用了风筝的传统造型，但在图案上用牡丹花瓣作为装饰，画面上的点、线、面都是用装饰性的绘画方法来表现的。传统造型加上现代装饰图案，带给我们的视觉感受就不一样。包括一些细节的处理，我还在逐渐地完善。

2006 年我做了一个沙燕，外部造型和风筝上面的蝙蝠图案都是由直线条构成的。这种设计是历史上没有的，也是北京沙燕风筝造型上的一次大突破。我还在蝴蝶翅膀上设计过青铜纹样的图案，效果也很好，还获得了 2007 年全国旅游产品设计大赛金奖。这种新型风筝我还设计了很多，到今天也在探索。

哈亦琦制作的"洪福齐天"——变形肥燕（92厘米x112厘米），外部造型和风筝画面上的蝙蝠图案都是由直线构成的

哈亦琦1987年制作的蓝牡丹蝶（100厘米x112厘米）获得2007年全国旅游产品设计金奖

哈亦琦2006年制作的新型风筝"青铜彩"肥燕（20厘米x22厘米）

新型风筝有时在不改变传统造型和图案的基础上用新的颜色，达到视觉上的改变和创新，这是第三类。比如双鱼，图案是两只鱼，传统颜色是由红和黑或者红和绿组成，我用紫和蓝两种颜色做的双鱼，也非常好看。还有我画的牡丹蝴蝶，用了蓝色的渐变。风筝的纹样没有变化，还是传统的，但是色彩改变了，用现代的颜色和表现技法来绘制风筝。我这个牡丹蝶是在1989年做的，原作在我1999年去英国时送给了英国风筝协会秘书长。

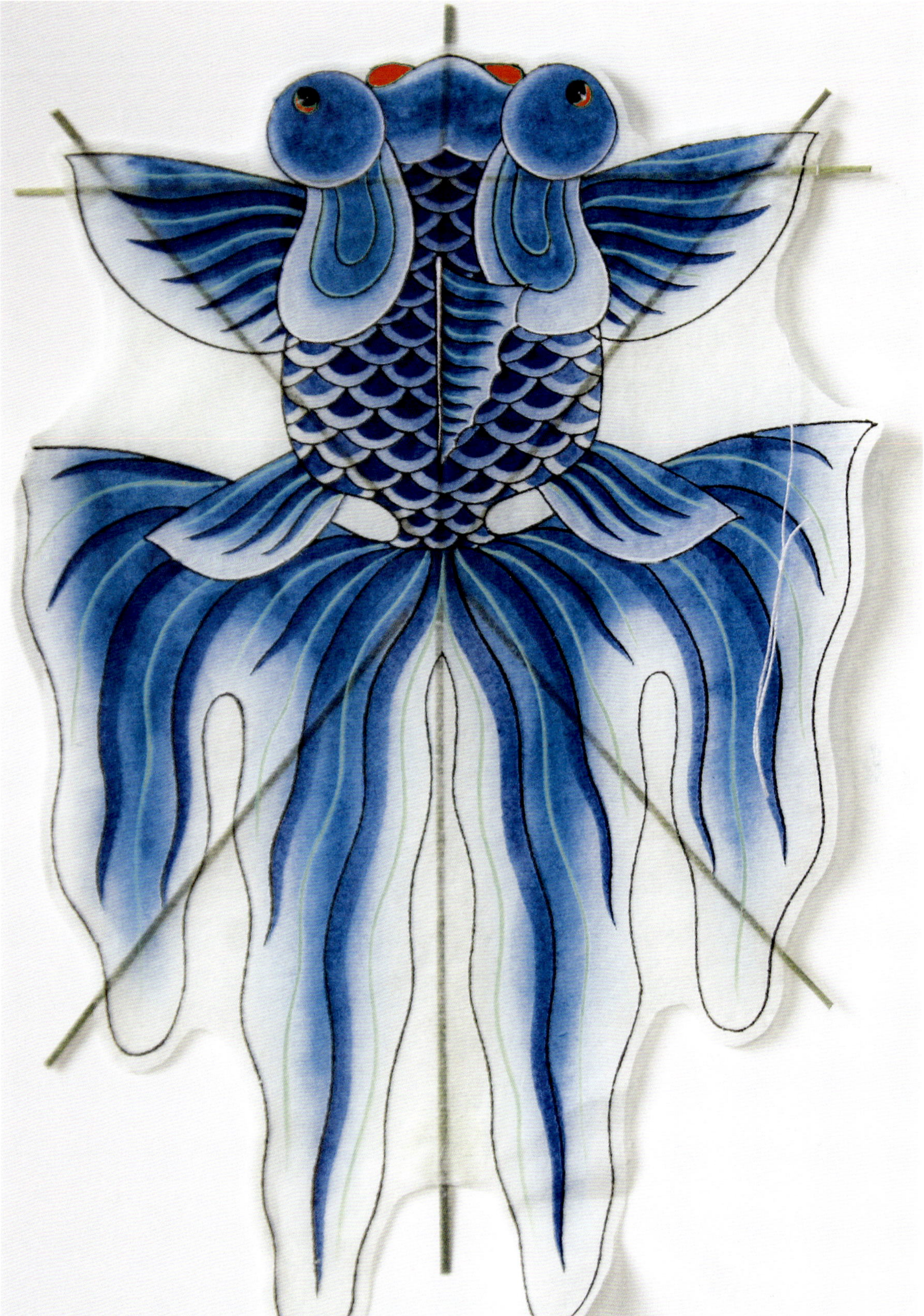

哈亦琦2005年制作的蓝金鱼新型软拍子风筝（16厘米×11厘米）使用了和传统颜色不同的蓝色

三、异形风筝

异形风筝是我在80年代开始作为实验进行制作的。异形风筝是由几何形体组成的，是抽象的风筝。我从那时开始做了一批，日期还都写着呢。这种风筝我从1982年开始制作，集中做了有3年左右吧。圆的组合也是那时做的，就是平面圆的一个立体组合，是一个纯粹的抽象的形式，没过多地考虑画面，考虑的就是结构，结果放飞的效果很好。立体组合风筝外形像一个人，这是我做的最小的异形风筝，只有5寸大小吧。这件风筝我一直保留着。

我那时做的这种异形风筝，大的一般有3尺多，最大的帆船有4尺。还有1

哈亦琦在1983年制作的圆的组合——立体类风筝（21厘米x9厘米x14厘米）

圆的组合三维示意图（哈亦琦绘于1990年）

哈亦琦1983年制作的双菱形新型立体风筝

尺大小的由5个硬翅组合的枫叶风筝，非常写实，上面没什么图案，就是铺染了枫叶的颜色，远看很醒目。还有菱形风筝，是抽象的，我就用简单的红色和黑色铺染，放飞效果很好。在我做的这些异形风筝里，有一件球体风筝很特别。它是很多个圆套在一起，像绣球一样，在试放的时候，飞得特别好。风筝的飞行一般是和气流成45度角，但这个球体不太一样，风大的时候它的角度就大，风小的时候角度就小。等到风力不够的时候，它就直接坠落下来，就是自由落体那样。这个球体风筝是风越大，它飞得越好。

我当时做这些异形风筝，就是想试验风筝的结构变化，想看看结构变化之后，飞行受到什么影响，跟我们传统风筝有什么不同。这种风筝的结构变化在中国传统风筝里是看不到的，这是新的尝试。

通过大量的制作和放飞实验，我发现利用线可以解决风筝重量的问题，比如我做的那件圆的组合，它的体积很小，重量大了就会影响飞行。很多圆片之间我都是用线连接的，这些线就像斜戗一样，既起到固定骨架的作用，解决放飞时骨架左右摇摆的问题，又能减轻重量。1988年，我在月坛参加展览，这个风筝还参加放飞了呢。当时放飞的时候，我就用了一根提线，风一来就飞起来了。在场的人都很惊讶，这样的小风筝还能飞得这么好！这件风筝，至今风筝界还都有印象。

还有一件风筝是我印象比较深的，就是立体的“喜”字，这个“喜”字高不过20厘米。我还利用传统

哈亦琦 1983 年制作的三角立体组合新型结构风筝

的伞翼形风筝，做了一种飞机。飞机是两个三角形上下重叠的，三角形中间用骨架支撑。还有三角组合、立体组合的风筝，它们体积很小，但是飞行得都很不错。

这些年对异形风筝的探索是我非常宝贵的经验。在制作和实验中，我的技艺在增长，悟出很多我以前没有体验到的东西。同时在不断的摸索过程中，我的思路被打开了，很多风筝我不亲自去做是不能够明白它的制作和飞行原理的。1984 年以后，我做的都是传统和现代相结合的风筝，很少再做这种纯抽象的异形风筝了。

哈亦琦 1983 年制作的立方组合——立体类风筝
（17 厘米 x12 厘米 x5 厘米）

本章小结

哈亦琦讲到父亲因为发现自己制作了很多异型风筝而生气的时候，那种神情仿佛又回到了年轻时候。当年父子闹矛盾，几天不说一句话，如今回想起来，从前的别扭和不快却为生者带来无限的温情。哈亦琦说，当时不能完全理解父亲对他创新的不赞同，其实父亲是怕他走偏了，是希望他把传统学精了再搞创新。现在的哈亦琦已经很少再集中制作异型风筝了，他说他现在是回归传统，但传统不意味着停滞不前，无论如何还是要继续发展的。

哈亦琦为我展示了从80年代保留至今的几件异形风筝，像个孩子一样在不大的客厅里为我试飞风筝。这些巴掌大小的异形风筝，果然如他所述，极易飞行。创新带给他的喜悦，此刻也深深地感染了我。

第六章

回顾与展望

本章综述

采访地点：北京西直门外哈亦琦住处
受 访 人：哈亦琦
采 访 人：任晓姝

哈亦琦回顾了哈氏几代人的身份和社会地位的变化，从旧时代的手艺人到新时代的艺术家，言语之间，不难体会到哈亦琦的感慨和自豪。

改革开放后，国家加大了对民间文化的保护力度，社会也越来越关注民间艺术。多次出国展览的经历，开阔了哈亦琦的视野，让他在更为广阔的文化背景中，重新审视家族艺术的独特文化内涵，认真思考哈氏风筝的传承和发展。2008年，哈氏风筝被批准为国家级非物质文化遗产保护项目，这成为哈氏风筝发展的一个新契机，也让哈亦琦有了一份沉甸甸的责任感。

说到教授徒弟，传承技艺，哈亦琦有着自己的苦恼。社会和人们生活方式的变化，使风筝这门传统技艺受到严重冲击，民间手工艺很难为学习者提供一个基本的生存保障。哈亦琦说他能够正视难收徒弟这样的现象，手艺传到他这一代，无论如何要继续传承下去。

这几十年风筝行业在社会上的地位发生了很大的变化。从20世纪80年代开始，风筝成为我们和国外交流、展示中国传统文化的一个媒介。随着人们生活水平的提高，慢慢地风筝由比较单纯的玩具变成了艺术品。如今国家非常重视民间艺术，把它作为非物质文化遗产来加以保护，是很有远见的一个举措。所以想想从曾祖父开始创立的哈氏风筝，经过了四代人的传承，到今天能够继续发扬，是非常让我感慨的。

一、哈氏风筝发展的三个阶段

我将哈氏风筝的发展历史做了一个小结，分为三个阶段，并且归纳了这些阶段的不同特色。

第一个历史阶段是注重利益、突出实用。这个阶段包括曾祖父和祖父在内，这个特色是他们在制作风筝时的一个共同考虑。

曾祖父的风筝今天看不到了。他最初是扎灯笼的，生活很艰苦，因为喜欢放风筝，后来就开始上些粗货来卖，他是在销售风筝的同时自学风筝的扎制技艺。他做的风筝都是大风筝，因为当时风筝主要是放飞娱乐，不像今天开始把它作为艺术品来把玩欣赏。大风筝价钱高，利润相对高一点。

祖父活在清末民初，那时社会动荡不安，百姓生活都很艰苦，维持生计是我们家面临的最主要问题。虽然当时的哈氏风筝名气已经逐渐响亮了，但是单靠卖风筝仍然不能维持家人的生活。所以我家那时还开了哈记饭馆，即便这样，生活也是很不宽裕。

祖父的东西存世的还有。我在美国看到过他的4件风筝，是美国的罗福教授1903年在我们店上买的，后来捐给了旧金山自然博物馆。分别是莲花葫芦、钟馗、香炉和双鱼。这几件风筝已经褪色了，但造型非常精美。最有特点的要数钟馗和莲花葫芦了，就是两个单独的造型，没有其他附带的东西，都是清代的绘画风格，尤其是那个莲花葫芦上的人物穿着就是很典型的清朝服饰。他的蝴蝶我也见过，我们家称它为彩蝶。那是最典型的蝴蝶风筝，主体是淡蓝色的，有很多层，很古朴。客观地说还是有缺点的，就是放飞的时候与天的颜色过于接近，实际上就减弱了风筝的远看效果。祖父制定了哈氏风筝的各种规格和比例标准，让哈氏风筝的制作工艺更规范。他的很多画稿和资料，可惜在“文革”中都被烧掉了。他对哈氏风筝的发展做出了很多的贡献，比如哈氏风筝抗强风特性的“膀尖前翘，后心贴地”的骨架设计和加“背条”来增加骨架强度的方法，都是祖父的创新。另外把软翅风筝翅膀上翘和通过加大“斜戗”跨度来提高软翅风筝的飞行效果，也是他提出来的。

那段时期，尤其是我的祖父，主动地对哈氏风筝做了很大的改进，我现在认为，这种主动的创新和改变更多的是出于对经济利益的追求。他的创新主要是对风筝的性能进行改良，考虑更多的也是如何完善风筝的实用价值，就是让风筝在飞行的时候达到更好的效果。当时祖父考虑更多的还是使自己的风筝在飞行的性能方面超出其他流派的风筝，卖得更好。

那时的生活观念还是比较传统的，民间习俗里都认为风筝就是个玩具，飞着玩的，不可能有今天这样的审美认识。所以那时候哈氏风筝第一个要考虑的还是实用效果，在画面上的考虑也是以吉祥的寓意为出发点。就是说在乎的是画面的内容，而不是画面的精美新奇。

第二阶段就是父亲哈魁明了，他的风筝相对于祖父的有了比较大的改良。他这个阶段我用八个字来概括，就是：实用艺术，兼而有之。

父亲继承了祖父讲究实用的态度，他将风筝传统的“扎、糊、绘、放”四门技术加入“风”、“线”，扩充为六门技术。这两项技术的完善使得哈氏风筝放飞的性能更好，能适应更复杂的天气情况。

在风筝彩绘的题材和内容上，父亲也增加了大量的原创设计，提高了风筝的文化内涵。现在很多哈氏风筝的经典样式，都是父亲首创的。最重要的是，父亲认识到风筝除了商品价值之外的艺术价值，他将哈氏风筝分类，并且在“文革”期间冒着受迫害的风险将哈氏风筝的特点和技法整理总结成了文字和图谱，还发展了新的理论。如果光从追求经济利益的角度去看，这些行为其实并没有多大的实际意义，尤其在那样的特殊时代。不管他是出于对风筝的热爱还是出于一种不忍放弃祖业的责任，这些文字和图谱都是哈氏风筝发展过程中非常重要的资料，起到了承上启下的作用。

父亲对我的影响很大，不光是做风筝的技术。他跟我说过“学艺先做人”，开始我还不太懂，到了中年以后，就逐渐理解了。学到一定程度之后，不管是在创作中或者在交流交往的过程当中，遇到利害或利益冲突的时候，就知道那句话的意思了。父亲对我们几个子女的教育都很严格，即便我们参加了工作也是一样。一个星期或者两个星期他还得说教两三个钟头，把我们这段时间暴露的缺点和错误全指出来。我们一句话都不敢反驳，因为他说得确实在理，是为我们好啊。父亲以前聊天的时候跟我们说过，你们要自己找苦吃，别在那等着，要真等到自己独立工作的时候遇到困难，那恐怕就应付不了了。话很简单，但很说明问题。所以到现在我都在找苦吃，当然苦中也有乐，搞这专业我喜欢它。朋友有什么事，我也一样去帮忙，这些事得放放。但是过后我尽量充分利用时间，把这损失给补回来。所以说父亲对我最重要的影响，就是教会我对待工作的态度和待人处事的方法。

现在的哈氏风筝和以前相比可以说很多情况都大不相同了，因为社会在发展，观念在改变，对于风筝这门民间艺术给予了更多的关注，它的社会定位和文化意义也与以往不同了。所以我将自己的摸索和努力定义为哈氏风筝的第三阶段，就是重视艺术，创新发展。

哈氏风筝到了我这一代，学习方式已经不可能像父亲或者祖父那几辈人那样了，我有自己的工作要做，不可能成天跟着父亲在家制作风筝。我那时候做风筝都是利用上班之余，入迷的时候做风筝会做到忘了时间，经常半夜十一二点才睡觉。我亲手做的不重样的风筝有150件左右，看着量不多，但都得花时间。传统的、创新的都有，每一个结构都不一样，画面也不一样。我那会儿利用一切时间做风筝，完全是钻进去了。一不是为了卖钱，二不是为了搞展览，就是想学。到现在我还觉得自己在学，这东西越做越觉得没有止境。那时候我非常执著，也是因为非常爱好它，能钻进去，有一种不达目的不罢休的意识。

我的摸索也经历了前后两个时期。前一个时期主要是在20世纪80年代。1980年，我学习了西画和图案，也经常出国参加各种风筝交流活动，接触了很多国外的风筝制作理念。我就想自己的风筝可不可以做些比较大胆的尝试。1983年前后，我开始追求风筝外形的变化，大量的作品是通过几何图案所组成的立体几何形体，打破了传统哈氏风筝固有的骨架造型，画法上也多采用西方风筝色块填涂的手法。

从90年代中后期到现在，可以看做是我在哈氏风筝创新上探索的第二个时期。我现在更加注重的是传统风格与现代潮流的结合，把传统造型、传统图案与新式造型、新式图案相叠加。具体内容在第五章已经讲过，这里就不重复了。

我想说明的是，现阶段，我的生活来源已经不是单靠卖风筝的收入了。再加上现在人们审美趣味的提高，在手工制作风筝时，我可以更多地考虑风筝的艺术品质，创新探索，而不是简单地迎合市场。对现在很多买我风筝的人来说，买来风筝不再是为了放飞它，而是看重我做的风筝所体现出来的文化内涵和艺术价值。

二、几代人身份的变化

祖父和父亲都是单纯的手艺人，除了父亲在晚年担任过北京市风筝协会的副会长之外，他们基本上考虑的就是怎么谋生和做风筝。到了我这一代，社会身份开始多样化了。我们不单被当成手艺人，还被称作艺术家、专家、大师。1980年我进了北京风筝艺术品公司，先后担任了设计主任、厂长、副经理的职务。另外政府多次派我出国参加各类民间艺术的文化交流活动，那时我不仅仅是一个工厂职工，一个会做风筝的手艺人，还是代表中国民间艺术的文化交流大使。1983年我第一次代表国家去美国作交流，在那样一个场合，当我站在台上拿着麦克风对着几万名外国观众讲话的时候，我就觉得不单是代表自己

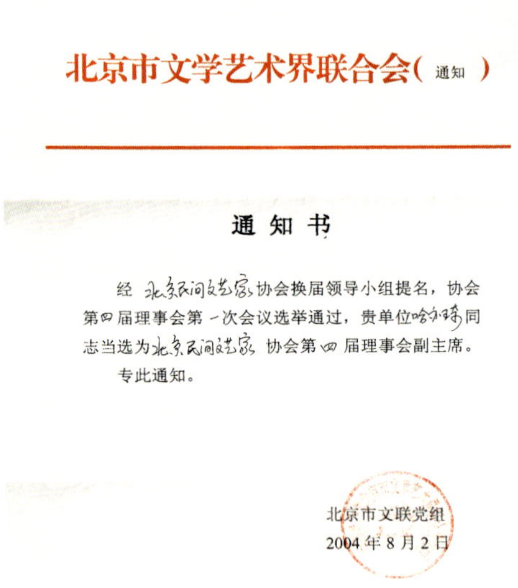
北京市文学艺术界联合会（通知）

通知书

经北京民间文艺家协会换届领导小组提名，协会第四届理事会第一次会议选举通过，贵单位哈亦琦同志当选为北京民间文艺家协会第四届理事会副主席。

专此通知。

北京市文联党组

2004年8月2日

北京民间文艺家协会的通知

了，而是代表中国的，我的风筝代表的是中国的传统艺术。

国家现在很重视民间文化的保护，给了我个人很多荣誉，我也担任了很多的社会职务。2003年，我成为北京民间文艺家协会副主席，之后又担任北京市玩具协会副会长、风筝协会副主席，现在我还是中国民协理事。我获得了2004年北京市“德艺双馨”艺术家的称号，在2005年，中国艺术研究院还聘请我为民间艺术创作研究员，全国第一批共30个。这是由民间推选的，从100名候选人中聘了30个。2007年我被中国文联授予“德艺双馨”艺术家称号，全国56位，而民间美术界只有我一个人。有一期“艺术人生”，请了4位获得这个荣誉的艺术家，我也在其中。朱军问了我一个问题，就是为什么我能得这个德艺双馨的奖。我就回想起小时候父亲经常教导我的一句话——做事待人要站

证书

哈亦琦 同志：

您光荣当选中国民间文艺家协会第七届理事会理事

特颁此证

中国民间文艺家协会
2006年4月30日

中国民间文艺家协会理事会理事证书

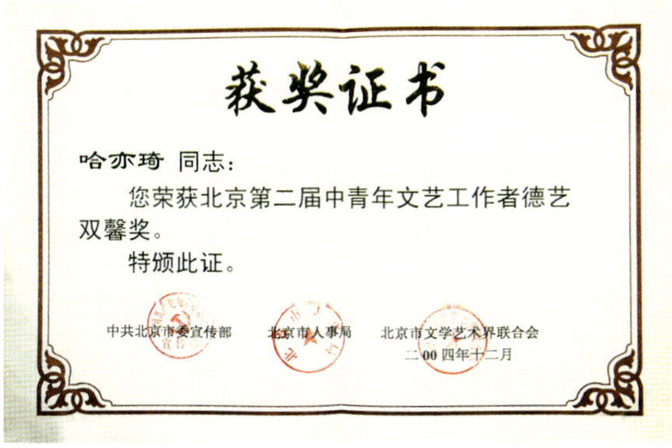
获奖证书

哈亦琦 同志：

您荣获北京第二届中青年文艺工作者德艺双馨奖。

特颁此证。

中共北京市委宣传部　北京市人事局　北京市文学艺术界联合会
二〇〇四年十二月

北京第二届中青年文艺工作者“德艺双馨”奖获奖证书

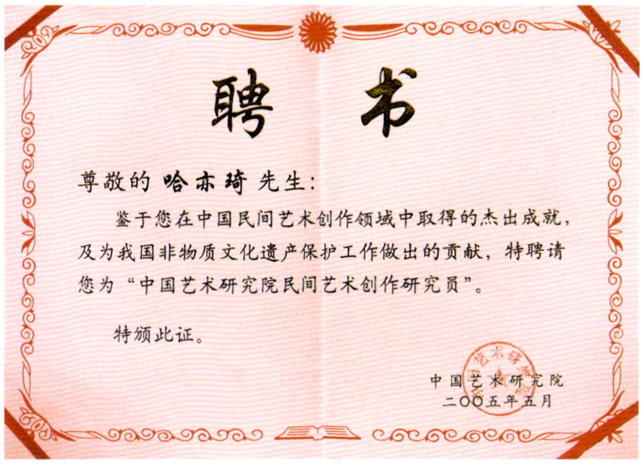
聘书

尊敬的 哈亦琦 先生：

鉴于您在中国民间艺术创作领域中取得的杰出成就，及为我国非物质文化遗产保护工作做出的贡献，特聘请您为“中国艺术研究院民间艺术创作研究员”。

特颁此证。

中国艺术研究院
二〇〇五年五月

中国艺术研究院民间艺术创作研究员聘书

2005年5月24日哈亦琦在“中国艺术研究院民间艺术创作研究员”聘任仪式会上留影

全国中青年德艺双馨文艺工作者

荣誉证书

编号：045

授予：哈亦琦 同志

“全国中青年德艺双馨文艺工作者”荣誉称号。

二〇〇七年十一月 一 日

全国中青年“德艺双馨”文艺工作者荣誉证书

在对方的立场去想问题，处理问题，没有解决不了的事。父亲说的话很简单很质朴，但是道理却很深刻。受父亲影响，我做事待人都是按照他的教导去做的，不一定所有的事情都能很完美地处理好，但大部分事情我都是这样去做的。我想也许这就是我能得这个奖很重要的一个原因吧。这些荣誉也让我鞭策着自己做得更好。

另外一方面，国家在保护民间艺术方面出台了很多政策。2005年国务院下发了《加强文化遗产保护的通知》，国务院办公厅下发了《关于加强我国非物质文化遗产保护工作的意见》两个文件，明确了文化遗产保护的方针和政策。当时是国家文件一下达，由文化部和中国艺术研究院牵头，北京市也就开始了相关的工作，公示了申报标准和程序。2006年5月20日，国务院批准公布了第一批国家级非物质文化遗产名录。申报项目一共有17种，哈氏风筝属于民间手工技艺这一项。国家对于手工技艺的规定非常严格：第一必须得百年以上，第二是传承关系清晰，第三个是要有社会影响。它的工艺必须有深度，还要有历史资料、照片和文字记载作为证据。哈氏风筝是在2007年年底提出申报的，2008年3月得到批复，属于第一批的扩展项目。能够成为非物质文化遗产保护的项目之一，这说明国家和社会对哈氏风筝还是非常肯定的，这对我个人来说，也是很大的一个激励。

随着国家加大对传统民间文化的宣传力度，社会对风筝这门手艺也越来越关注了。我接受了很多采访，也录制了很多的节目。我第一次上报纸是在1980年的10月中旬左右。《北京晚报》的记者司马晓萌拍了我和父亲的合照，文字介绍说的是哈氏风筝后继有人。近一两年内尤其是我在参加完2006年的非物质文化遗产成果展后，明显感到社会对民间文化的关注程度提高了很多。那年4月我接受了《东方之子》的采访，录制了"绝艺传奇·为风筝插上新翅"这期节目。2007年2月CCTV10也为我做过一次节目，介绍的角度和《东方之子》不一样，也很不错。这些节目，对于哈氏风筝的宣传起了很重要的作用，观众对我家的风筝有了更多的了解。2009年年初，在首都博物馆展览期间我很强烈地感觉到观众对于民间艺术的这种关注度和热情，这是以前所没有的。在展览中观众会提出各种各样的问题，比如材料的问题、制作的方法、图案的寓意还有风筝所涉及的民俗文化和内涵等等。这

2006年2月哈亦琦在国家博物馆举办的非物质文化遗产保护成果展上为观众讲解

就说明人们在欣赏风筝的时候，已经不仅仅注重外在的形式美了，更多的人开始关注风筝的内在文化。观众的视野层次不一样了，这无论对于哈氏风筝还是其他民间艺术来讲，都是好事。通过媒体的宣传，通过展览中与观众的互动，我觉得民间文化的活力又重新焕发了。

国家的重视和观众的热情，让我意识到传承和发展的重要性，传承这门民间艺术已经不单是为了生存，这也算是一种文化觉醒吧。但是话说回来，因为太忙，对家人的关心就少了，我心里也觉得挺过意不去。到2009年我已经连续三个春节没有和家人一起过了，这几年春节期间都要忙着做展览。但是他们都很理解我，给我非常大的支持。

与夫人贺有铭合影

三、把风筝传下去是我的责任

在1996年的时候，我开始思考传承的问题了。父亲去世以后，我感觉到自己身上的担子加重了。外界的很多因素也迫使我去思考，比如接受媒体采访，以前都找父亲，我就不用关心这种事情。父亲去世以后，电台、电视台、报纸的记者来采访，都找到了我。接受采访就要介绍哈氏风筝，我就必须要谈如何去传承和发展哈氏风筝。还有在外面搞展览的时候，我发现很多不足，比如大型风筝、中大型风筝和小型风筝以展览的方式呈现时，必须是能说明我们哈氏风筝特点的，所以我要做很多不同的风筝，来弥补展览的需要。有意识地制作各类风筝，现在看来都是对哈氏风筝的发展。

我觉得传承的方式是多样的，包括画画谱、带徒弟、搞展览，以及一些文字或者图片影像的记录都应该属于传承的一部分。同时传承还应该包括传播，比如做展览、各种媒体的介绍和报道等等。现在我手上存的关于我们哈氏家族以及风筝的介绍文章——国内、国外的杂志、报纸——已有500多篇了。

画谱是传承非常重要的一部分，也可以算是传承的关键吧。父亲对这个问题认识得比较早，在“文革”期间他就自己偷偷地画了。去世之前他曾要求我继续画画谱——父亲画了一部分，但是到了晚年，太细的就画不了，就让我帮着画——但我没能理解父亲的意图。那时我把主要精力都放在开公司的事和自己如何发展上了，没有想得很远，也没有传承和发展哈氏风筝这种意识。

直到1999年，我才继续做父亲没有完成的画谱工作。我的每张画谱都留有日期。风筝已经不完全是玩具的概念了，所以我现在画的东西都尽量规范，有的原生态的东西要改一改，新的内容要充实进去。

Chinese vliegerbouwer maakt de wind zichtbaar

Vlieger-kunstenaar Ha Yiqi laat een staaltje van zijn kunnen zien. Vogels, vlinder draken, niet is de bouwer te hoog gegrepen. Foto Ce Spruijt/Cor Vos

Rotterdam – Met eindeloos geduld frunniken de vingers van vliegerkunstenaar Ha Yiqi aan het flinterdunne bamboe. Langzaam ontstaat onder zijn handen een klein kunstwerkje: het frame van een vlieger. Bespannen met handbeschilderde zijde en in de lucht geworpen is de gelijkenis met een levende vlinder compleet.

Werk van Ha en andere Chinese vliegermakers is sinds gisteren te zien in de foyer van het Bibliotheektheater aan de Hoogstraat. Felgroene draken met meterslange staarten, dieprode vlinders die voor echt door kunnen gaan, vogels met vervaarlijke klauwen, niets lijkt de vliegerbouwers te hoog gegrepen.

Een enorme tegenstelling, zegt mede-organisator én eigenaar van een vliegerwinkel Gerard van der Loo, met de Westerse manier van bouwen. „Die fijne bamboeframes, dat kunnen wij niet. Nederlanders maken high-tech vliegers. Van die enorme kunststofdingen die gigantische snelheden maken. Chinezen kijken vol bewondering naar onze technische hoogstandjes, terwijl wij kwijlend de kleuren en vormen van hun bouwsels bejubelen.”

Vliegeren is in China, de bakermat van de vlieger, razend populair. De overlevering wil dat het leger van een Chinese staat de vlieger uitvond om de vijandelijke buren te bespioneren. Tegenwoordig is vliegeren vooral volksvermaak. Voorzitter Oey Toen Ping van de vriendschapsvereniging Nederland-China schetst een beeld van een Plein van de Hemelse Vrede dat wij nog ni kennen: een plein bevolkt do bosjes vliegerende mensen.

Het zichtbaar maken van wind, zoals Van der Loo h noemt, is de laatste jaren in N land in opkomst. „Leuk is invloed die de migranten me brachten. Vliegervechten, wat Surinaamse en Molukse jonge deden, kenden wij hier niet. M een scheermesje of stuk glas a je staart de lijnen van andere vli gers doorsnijden. Dat werd reg matig knokken met Nederland jongens die hun vlieger vernie zagen worden. Langzaam nam wij dergelijke gebruiken ov Maar Chinese vliegers, dat is e kunst apart.”

De kunstwerken zijn tot en m eind augustus te bewonderen de Bibliotheek.

1994年，哈亦琦在荷兰鹿特丹“哈氏风筝”巡回展览上制作风筝

INTERNATIONAL KITES TO ADORN THAI SKY

A dragon kite is released into the sky over Muang Thong Thani sports complex which is the venue of the 6th Thailand International Kite Festival which began yesterday. The three-day event features demonstrations of kites from several countries and Thai kite-flying contests. — SAROT MEKSOPHAWANNAKUL

1999年3月，哈亦琦在泰国曼谷国际风筝节上放飞百米龙头蜈蚣

LU ZHONGQIU/China Daily

Many hands make kite work

Ha Yiyu, a craftsman in Beijing, teaches Anna Lewis (left) and Yoni Pressman (centre) how to make a kite at the opening ceremony of a contest for foreigners to learn how to produce Chinese handicrafts. It was held yesterday in the Wangfujing Arts and Crafts Complex in Beijing and more than 70 foreigners participated in the event.

2002 年 6 月 20 日，哈亦琦在北京王府井工美大楼教外国人制作风筝

没有父亲的画谱，可能我今天也没有去做这些事的想法。一个人想问题、做事情是有阶段性的，年轻的时候不能够理解父亲的一些做法，现在我已过半百，觉得自己有这个责任和义务去做这件事。完成画谱不是单纯的绘画，是为后人和社会研究这门民间艺术留下尽可能丰富的图案资料。画一幅有的要用六七天，一共要画 200 多幅，你想想这得多长时间。画谱最终是要捐出去的，为的是给后人留这么一个艺术符号。现在就是抓紧时间，在我的视力还好的时候赶紧画，因为风筝的保存条件有限，而画谱则可以永久保存。这件事情对我来说是一个大工程，其实这是父亲一直想做的，现在我接手了，也算是完成老人家的一个心愿吧。

等画谱整理得差不多了，我就打算出一本画册。当然现在出画册是有风险的，出了以后，可能很快就有仿制的。但是你有什么办法呢？你也不能总窝在家里呀，那也没什么意思了。所以有时候我们不能只看近处，也要往远处看一看。我们应该给后人留下一些东西，有很多人都不了解风筝，现在我的东西出来了，一些朋友和观众才知道，很多人原来还真不知道风筝竟然能够达到这么高的水平。2007 年的时候，我选了 10幅画谱在美术馆展览，展出之后不论是艺术界、风筝界还是普通大众的反应都很热烈。从绘画的角度来看，画谱也已经具有自身的艺术形式和内涵了。它不是普通的平面艺术，而是与风筝相结合而产生的。在某种程度上说，它也具有一定程式化的表现方式。

除了画谱，还需要有人能将这门手艺传承下去。2001年3月19日，我在北京国际协会教课，在德国使馆做了一个小型的风筝展览，又做了一个风筝讲座，到场的有100多人，很多都是驻华使馆人员和驻京商社。讲座完了以后，有半小时的提问时间，当时就有一位美国朋友问我传承的问题，问我的孩子是不是也跟我学做风筝。我就说了自己的观点，我说我不能强迫我的女儿，这里存在一个个人选择权的问题。

传承问题，是所有民间艺术行业都面临的一个难题。我个人理解，不论是政府还是社会，都希望哈氏家族里能出现一个接班人。我们家做风筝传男不传女，并不是因为歧视女孩子，而是女孩子很难全面地继承哈氏风筝的各种技艺。女孩子做中小型风筝可以，大风筝就不太可能自己独立完成。比如说我做一只龙头蜈蚣的风筝，可以一个人在非常寒冷的大风天里去放飞，这是女孩子难以做到的。

5年前，在北京师范大学召开了“人文奥运与传统文化”研讨会，当时有二十几个大专院校的教授、学者和我们民间文艺家协会的成员参加了大会。在大会上我以民间艺术继承与发展为主题，作了演讲，我说，过去学技艺是徒弟找师傅，现在是师傅找徒弟。现代社会冲击了手工技艺的发展和生存，很多民间手工技艺都面临着失传和灭绝的境况。因为很多民间手工技艺无法给学习者提供一个基本的生存保障，所以这些现实的原因导致徒弟难找这样的结果。

我一共有两个徒弟，现在只有我的侄子哈歆在继续跟我学习。但是他现在面临的问题和我年轻时候一样，都不是祖辈那种传统的学习方式，我们有自己的工作和职业。我现在没有能力负担他的生活，因为他还有自己的家庭，也要生存，所以他只能利用业余时间跟我学习做风筝。哈歆跟我学做风筝已经有三年多了，比别人正常学习的速度要快一些。现在哈歆在外面学习工笔画，并且已经可以制作一些风筝了，不过风筝这几大类的做法还没学全。他现在临摹还不错，画稿可以临摹得很像，骨架做得也不错，但是还没有能力去独自设计风筝。他在基础技术方面，扎骨架没问题了，糊制和绘制小风筝也没问题，不过整体水平还是需要提高。如果他能够在我身边专门学习做风筝，我估计再有三年就能达到一定水平了，之后才能考虑创作。

民间艺术的传承，不能要求每一代人都有创新和提升。有时候在某代人那里能够有所提升，有时候是平稳继承的，只要传承不断就可以了。在带徒弟这方面，虽然我的期望和要求都很高，但是我还是认可上面所说的观点，哈氏风筝的继承者可能受到自身条件或是外在条件的局限，也许不能在我的基础上继续创新发展。在这种情况下，作为继承者只要保持住哈氏风筝现有水平，不断代就行。每一代都能创新也是不客观的。

我正在考虑如何具体去实施这项工作。现在计划有了，但是计划实施起来还是和现实有些背离。以后我不排除会带外姓的徒弟。这是个很重要也很漫长的任务。

本章小结

哈亦琦为我找到了很多老照片和杂志、报纸，里面都记录了哈氏风筝获奖时的种种瞬间。他向我展示这些资料的时候是自豪的，又是谦虚的，他说这些荣誉都是国家和社会给予的，希望能尽自己的努力为社会做一点有用的事。

哈亦琦平日里非常忙碌，除了制作风筝、经营公司，他还担任了很多社会职务，而且都尽心尽力，从不敷衍。在谈话中说到授徒传承，哈亦琦就格外凝重起来。他知道祖辈手艺传承100多年的艰辛，也知道自己肩头担子的分量。为了能够把哈氏风筝传下去，哈亦琦说他不排除带异姓徒弟的可能。

附录（一） 哈亦琦业务成果简介

一、参加活动

1983年5—6月应美国旧金山文化中心基金会和美国风筝协会的邀请，主持在美国旧金山举办的“中国风筝展览”和在西雅图举办的“中国周”等活动。

1984年3—10月参加了在美国西雅图太平洋科学中心举行的“中国传统技术展览”交流活动。“凤蝶”风筝由西雅图市市长克莱瑞先生收藏。

1986年5月《中国哈氏风筝》一书在香港商务印书馆出版发行，并在香港举办“中国哈氏风筝展览”及讲学交流活动。同年12月在新加坡举办“哈氏风筝专题展览”，并举办讲学交流活动。

1990年8—11月在韩国举办的“中国古代传统荟萃展览”中主办了“哈氏风筝展览”部分。

1994年6—7月应荷兰、比利时两国政府的邀请，在荷兰的阿姆斯特丹市、鹿特丹市及比利时安特卫普大学举办“哈氏风筝巡回展览”及讲学交流活动。

1995年7—8月应克罗地亚政府的邀请，在萨格勒布市科技馆主持“哈氏风筝展览”及讲学活动。

1998年5月应邀参加了在荷兰海牙市举办的“国际风筝大会”。

1999年3月参加了在泰国曼谷举办的“国际风筝节”，“紫凤蝶”风筝由泰国公主收藏。

2001年6月参加了由北京市政府在俄罗斯莫斯科市举行的“中国文化节”的风筝展览及表演交流活动，并特制两只哈氏风筝，由贾庆林市长和张茅副市长作为国家礼品送给莫斯科市市长卢日科夫、副市长尚采夫。其中“鸳鸯燕”风筝由市长卢日科夫先生收藏，“蝴蝶”风筝由副市长尚采夫先生收藏。

2000—2004年分别4次应邀参加了在英国桑德兰市和博得佛特市举办的“国际风筝会”

及交流活动，并分别受到该市市长的接见。

2002年9月参加了北京市文学艺术界联合会举办的“北京市迎接中国共产党十六大召开美术、摄影、书法、民间艺术新作品展览”。

2003年3月应希腊雅典市政府的邀请，参加了在雅典市举行的中国风筝展览及表演交流活动。“凤蝶”由雅典市市长古斯塔尼收藏。

2003年4月应邀在北京国际学校主持举办了“哈氏风筝展览”及讲课交流活动。

2004年8月参加了北京市文学艺术界联合会举办的“还看今朝——北京庆祝中华人民共和国成立55周年书法、摄影、民间艺术优秀作品展览”。

2004年9月中国民航总局局长杨元元先生分别将“九狮瘦燕”和“五龙瘦燕”风筝赠送给加拿大国际航空组织和亚太地区航空组织。

2004年10月参加了在德国法兰克福市、海德堡市举办的“中国文化周”展览及交流活动。

2007年10月在西班牙文化艺术交流中，北京文联书记朱明德代表政府送给前国际奥委会主席萨马兰奇先生哈氏风筝“苍龙训子”。

2008年8月奥运会期间，在奥运村参加“中国民族民间手工艺制作展览”。

二、获奖情况

1982年在家传造型上结合装饰绘画手法制作的“凤蝶”风筝获北京市工艺美术二等奖。

1983年在美国旧金山国际风筝大会上，“五鱼瘦燕”风筝获“特别奖”。

1988年4月在北京举办的国际风筝大会上，“鹦鹉”风筝获展览奖。

1989年6月被评为“北京民间玩具工艺大师”。

1990年设计的哈氏风筝被评为“工艺美术精品”。

1998年在荷兰海牙市举办的国际风筝大会上，“百米龙头蜈蚣”风筝获第一名，并由北京市政府赠予海牙市政府，悬挂于海牙市政厅。

2002年9月在北京举办的“美术、摄影、书法、民间艺术新作品展览”中，“喜庆”风筝获优秀作品奖。

2004年8月在北京举办的“还看今朝——北京庆祝中华人民共和国成立55周年书法、摄影、民间艺术优秀作品展览”中，“牡丹蝶”、“蓝凤蝶”风筝获优秀奖。

2004年12月获得北京市第二届“中青年文艺工作者德艺双馨奖”。

2007年“蓝牡丹蝶”风筝获得全国旅游产品设计金奖。

2007年11月获得全国第二届“中青年德艺双馨文艺工作者”荣誉称号。

三、担任职务

北京民间文艺家协会副主席

北京市人民对外友好协会理事

北京市风筝协会副秘书长

北京市玩具协会副会长

中国艺术研究院民间艺术创作研究员

附录（二） 哈氏家族四代年表

一、哈氏风筝第一代创始人

哈国梁（1828—1903）

开始制售风筝，以大沙燕最为著名。

二、哈氏风筝第二代传人

哈长英（1867—1946），本代其他重要成员：哈长英五弟哈长林。

（一）主要成就：

1. 首创“后心贴地”的沙燕骨架结构；
2. 首创“合竹”的骨架扎制技法；
3. 首创加“背条”的骨架扎制技法；
4. 首创软翅类风筝翅膀上翘、膀尖弯曲成圆钩形、斜戗跨度加大的骨架设计；
5. 首创“伞翼类”风筝；
6. 制定哈氏风筝规格比例标准，创作并积累了百余种风筝画稿；
7. 创作出“旗筝”及“串旗筝”（“万国旗”）风筝；
8. 1915年在巴拿马万国博览会上，“蝴蝶”、“蜻蜓”、“花凤”和“仙鹤”荣获银奖。

（二）主要作品：

1. 硬翅沙燕风筝“五龙瘦燕”
2. 硬翅沙燕风筝“二龙戏珠”
3. 硬翅沙燕风筝“百福骈臻”
4. 硬翅沙燕风筝“鱼蝠燕”（“鲤鱼满堂”）
5. 硬翅米字架风筝“钟馗嫁妹”

6. 硬翅米字架风筝“哪吒闹海”

7. 硬翅米字架风筝“通天河”

8. 软翅风筝“蝴蝶”

9. 软翅风筝“蜻蜓”

10. 软翅风筝“仙鹤”

11. 软翅风筝“花凤”

12. 硬拍子风筝“莲花葫芦”

13. 硬拍子风筝“双鱼”

14. 硬拍子风筝“钟馗”

15. 硬拍子风筝“香炉”

16. 硬拍子风筝“摇头铃”(“福寿双钱”)

17. 伞翼类风筝“五鬼闹判”

18. 伞翼类风筝“丹凤朝阳”

19. 伞翼类风筝“天女散花”

20. 800厘米硬翅花篮风筝

三、哈氏风筝第三代传人

哈魁明(1916—1993),本代其他重要成员:哈魁明大哥哈魁斌,二哥哈魁寿,三哥哈魁亮,四哥哈魁光,小妹哈晶漪。

(一)主要成就:

1. 将哈氏风筝“扎”、“糊”、“绘”、“放”加入“风”、“线”二技,完善为六技;

2. 提出了哈氏风筝分类方法,将哈氏风筝分为八大类;

3. 完善了哈氏沙燕风筝画面局部打破和整体打破的绘画风格;

4. 写作了大量的风筝制作心得,绘制哈氏风筝画谱百余幅,1986年5月在香港商务印书馆出版与其子哈亦琦合著的《中国哈氏风筝》一书。

（二）主要作品：

1. 硬翅沙燕风筝“淡彩黑锅底”

2. 硬翅沙燕风筝“万蝠流云”

3. 硬翅沙燕风筝“九狮燕”（“九世同堂”）

4. 硬翅沙燕风筝“苍龙训子”

5. 硬翅米字架风筝“钟馗”

6. 硬翅米字架风筝“和合二仙”

7. 多硬翅风筝“喜字”

8. 硬翅风筝“鲶鱼”

9. 硬拍子风筝“青蛙”

10. 硬拍子风筝“福寿”

11. 硬拍子风筝“蝉”

12. 硬拍子风筝“龙凤瓶”

13. 软拍子风筝“彩八卦”

14. 串类风筝“龙头蜈蚣”

四、哈氏风筝第四代传人

哈亦琦，1954年生于北京。10岁随父哈魁明学习家传风筝技艺，兼习油画、中国画，至今已有几十年。他根据自己掌握的绘画理论结合风筝的特点创作了大量作品，丰富了哈氏风筝。

（一）主要成就：

1. 1983年借鉴国外风筝制作技艺，创作了一系列新型立体类风筝；

2. 在哈氏风筝原有基础上，创制了一系列传统图案新式造型及新式造型传统图案的风筝；

3. 精简了哈氏风筝分类，将软片类风筝归入软拍子类风筝，将哈氏风筝分类确定为七大类；

4. 总结了大量哈氏风筝文字资料，并绘制了近百幅哈氏风筝图谱，目前仍在继续；

5. 与其父哈魁明合著《中国哈氏风筝》一书；

6. 1990 年完成《中国哈氏风筝艺术》一书的文字部分，1992 年完成示意图部分。

（二）主要作品：

1. 软翅风筝“凤蝶”

2. 硬翅沙燕风筝“青铜器纹样沙燕”

3. 创新图案硬翅沙燕风筝 25 件

4. 创新立体造型风筝 35 件

5. 创新软翅蝴蝶风筝 36 件

6. 硬翅蝴蝶风筝（青花瓷与蜡染图案结合）

7. 硬翅类新式图案风筝“牡丹蝶”

8. 硬翅类新式图案风筝“扇蝶”

9. 硬翅类新式图案风筝“恋蝶”

10. 软翅类新式图案风筝“黄蝶”

11. 软翅类新式图案风筝“橙蝶”

12. 串类风筝“龙筝”（去掉龙头蜈蚣横棍）

13. 软翅类风筝“白头雕”

14. 多硬翅类风筝“树叶造型风筝”

15. 不对称造型风筝“中国文字风筝”

16. 镂空立体型风筝

后记

2007年底，我有幸加入了由王文章院长主编的“中国民间艺术传承人口述史丛书”访谈写作组。进组之初，我主要的工作是协助课题组其他成员来校对书稿和编排图片，到2008年初，副主编王海霞老师把风筝艺术口述史的撰写任务交给了我。得到这个机会，我既感到非常高兴，也觉得压力很大。高兴的是王老师能够如此信任我，感到压力很大是自己从来没有独立完成过一本书，很怕不能担此重任。在撰写此书的过程中，王老师给了我很多鼓励和帮助，才使得这本《哈氏风筝》得以顺利完成。这个过程，对我来说不只是一次难得的学习写作的机会，更是我了解民间文化、了解民间艺术家的一次宝贵经历。

“中国民间艺术传承人口述史丛书”选定的采访对象，都是德艺双馨的民间艺术大师，他们的艺术和人品都令人十分敬仰，哈亦琦便是其中的一位。他是北京“风筝哈”第四代传人，从艺至今已三十余年。哈亦琦继承了“哈氏风筝”传统制作工艺的全部精华，并且通过自己的不懈努力，赋予了“哈氏风筝”新的活力。

《哈氏风筝》一书的写作体例与最初“一问一答”的模式不同，是通过采访和录音，积累了大量的原始素材，然后以采访问题为线索，在不影响口述人说话连贯性的前提下，将问题与答案隐藏于整个文章之内，以期形成更为清晰的文章架构。我根据口述人哈亦琦的讲述，按照风筝历史、哈氏家史、风筝制作、哈氏风筝的特点以及他的创新和体会来分门别类，将此书整理为六章。

在采访中，我对哈亦琦的风筝艺术和他本人都有了更为深入的了解。哈亦琦留给我最深刻的印象就是他的严谨和认真。在为我讲述制作风筝时，他刚刚参加完会议，并且感冒很严重，几天没有好好吃饭休息。为了帮助我完成风筝制作过程的拍摄，他仍然带病坚持制作了一只牡丹蝶风筝。在制作过程中他要时时停下来解答我的问题，这样，有的制作步骤不得不重复好几次，他却毫无怨言。文章整理出来之后，哈老师又几次逐字逐句地校对文稿，及时纠正因录音和理解产生的种种出入，弥补行文上的疏漏。他为人非常实在，每次去他家里采访，他和爱人贺阿姨都会热情款待，留我吃饭更是常事。我很过意不去，也想回请他们，哈老师却坚持不肯。他认真地对我说：“我父亲教给我，小辈和老辈一起，不能让小辈花钱。”

本书“家史上篇”中的内容，基本都是根据哈晶漪女士的讲述整理完成的。哈晶漪女士现居重庆，已届82岁高龄，作为哈氏家族第三代，她亲历了哈氏风筝的兴盛，也见证了社会的变迁，以及哈氏家族的各种经历。哈晶漪女士对哈氏家族上几代人的记忆，是本书“家史篇”十分重要的一部分。

在撰写这本书期间，为了解哈氏风筝更为丰富、翔实的背景，2008年春，我和导师、同学，分别采访了白大成先生和李滨声先生。两位老先生都是北京民俗及民间美术方面的专家，他们细心地讲解了哈氏风筝，给我完成此书带来了很多启示。同学刘莹、姬雁姿和赵文成给了我很多鼓励和帮助，提出了很多中肯的意见。内蒙古商贸学院艺术设计系教师俞高峰，在我采访哈亦琦的过程中，协助拍摄照片，在此一并感谢！特别要感谢的是哈亦琦、哈晶漪及其家人的协助，谨向他们致以最诚挚的敬意！